航天科工出版基金资助出版

砥砺前行的航天人

(第三辑)

中国航天科工集团有限公司　编

中国宇航出版社
·北 京·

图书在版编目（CIP）数据

砥砺前行的航天人. 第三辑 / 中国航天科工集团有限公司编. --北京：中国宇航出版社，2019.3

ISBN 978-7-5159-1605-7

Ⅰ.①砥… Ⅱ.①中… Ⅲ.①航天科技－工程技术人员－生平事迹－中国－现代 Ⅳ.①K826.16

中国版本图书馆 CIP 数据核字（2019）第 038604 号

责任编辑　侯丽平　　　　**封面设计**　宇星文化

出　版 发　行	中国宇航出版社		
社　址	北京市阜成路 8 号	邮　编	100830
	(010)60286808		(010)68768548
网　址	www.caphbook.com		
经　销	新华书店		
发行部	(010)60286888		(010)68371900
	(010)60286887		(010)60286804(传真)
零售店	读者服务部		
	(010)68371105		
承　印	河北画中画印刷科技有限公司		
版　次	2019 年 3 月第 1 版		2019 年 3 月第 1 次印刷
规　格	787×960	开　本	1/16
印　张	8	字　数	108 千字
书　号	ISBN 978-7-5159-1605-7		
定　价	38.00 元		

《砥砺前行的航天人》
编委会名单

编审委员会

主　任　高红卫

副主任　刘石泉

委　员　徐　强　魏毅寅　刘传东　陈国瑛　林　青
龚　波

编写委员会

主　任　徐　强

副主任　孙玉斌　李慧敏　吕晓戈

委　员　胡　军　刘　翔　辛大广　敖　刚　马　杰
史新兴　郭　勇　赵　勇　高　峰　董　群
唐应伟　马天晖　赵晓龙　刘　浩　濮秀君
余德海　薛　亮　於　亮　崔玉平　金立亮
姚巍林　赵　康　陈仕俗　王厚勇　张恩海
周　菁　齐先国

编委会办公室

主　任　孙玉斌

副主任　吕晓戈

委　员　刘双霞　陈福海　郑贵来　潘永清　朱纪立
陈炳隆　索阿娣　王国龙　刘　铭　谭青海
王玉祥　田安贵

序　言

中国航天事业自1956年创建至今，已经走过了60余年的辉煌历程，发生了惊天动地的沧桑巨变：从无到有，从小到大，从学习模仿到自主研发，从单一装备到体系完备，从国之干城到民之卫士，逐步创建并探索出一条符合中国实际、具有中国特色的发展道路。

中国航天科工集团有限公司作为战略性、高科技、国家级创新型企业，始终牢记“科技强军、航天报国”使命，坚持服务国家发展战略、服务国防建设、服务国计民生，以技术创新、商业模式创新和管理创新谋求转型升级，构建了完整的防务装备技术开发与研制生产体系，在为我国国防现代化建设作出突出贡献的同时，积极投身于国民经济主战场，在商业航天、工业互联网、智慧产业等领域，取得了一系列重大成果，企业综合实力不断提升，为早日建成国际一流航天防务公司奠定了坚实基础。这些成绩的取得，得益于党中央、国务院、中央军委的正确领导，得益于全国人民的鼎力支持，得益于全体干部员工的不懈奋斗。

2018年，中国航天科工集团有限公司位列世界企业500强第346位、世界品牌500强第398位、中国企业500强第79位、中国制造业企业百强第26位、中国500最具价值品牌第45位、中国最具影响力创新公司第13位。

一项项成绩的背后，是近15万航天科工员工的智慧、激情、创新、汗水和日日夜夜的付出，这背后的故事应当走进我们心间，成为共同的记忆和鼓舞奋进的精神力量。

因此，中国航天科工集团有限公司决定，陆续集结出版《砥砺前行的航天人》，收集1999年公司成立以来各类报刊公开报道过的一线人员的事迹，忠实记录一代代航天人接续奋斗的深深足迹。

岁月铭刻着奋斗的艰辛，历史映射出精神的光芒。透过一个个先进模范攻坚克难的真实故事，我们不仅可以看到航天科工积极投身改革创新的火热实践，还能感受到一线人员朝气蓬勃、奋发向上的精神风貌，更能体会那股“不服输、敢创新，顾大局、讲协同，重实干、比贡献”的精神禀赋。

梦在前方，路在脚下。推开新时代的大门，建成具有全球竞争力的世界一流企业的美好蓝图在激励我们奋斗。中国特色社会主义进入新时代，航天科工就要有新气象、新作为，奋力走好新时代的长征路。历史只会眷顾坚定者、奋进者、搏击者，而不会等待一切犹豫者、懈怠者、畏难者。希望此书能激励更多航天员工不忘初心、牢记使命，在追寻强国梦、航天梦的生动实践中放飞人生梦想，在不懈奋斗中书写人生华章，在星辰大海的见证下，携手向着“探索浩瀚宇宙，发展航天事业，建设航天强国”奋勇进发……

目　录

机床旁，有个“犟”老王

——航天科工三院254厂机械加工车间特级技师王佐崎速写

童　旭

“不拍，不拍!”

当工厂摄像人员无可奈何地走出车间后，似乎身后还回荡着那个倔强的声音：不拍。

这是今年春节，工厂为职工联欢会准备的一个视频短片。目的是让那些平日里紧张劳累的工人师傅们展现一下他们的“老清新”，大家或是换上新衣服，或是背好了大段的台词，只有这个人采取了“坚决不合作”的强硬态度。没有办法，摄像人员只好用上了抓拍的几个镜头，摇摇晃晃的，镜头里只有一个模糊的身影和一句清晰

的“不拍，不拍”！

在254厂，这个人绝对是个传奇！

他叫王佐崎，现年65岁，在退休之后没休息一天就又回到了他所熟悉的车床旁。由于254厂的历史原因，43年前由原来的哈尔滨航空工业学校改为国营风华机器厂，因此那一代人都有一个统一的称谓——65级。校改厂后，一大批“65级”学生便直接进入了工厂参加工作。几十年过去了，曾经的“65级”都已离开了工作岗位，可唯独这个王师傅选择了留下来。在今天，王师傅无可争议地成为了254厂的元老。当大多数“65级”走上领导岗位后，也只有这个王师傅一直坚持在一线，守着他的车床，一干就是43年。

有人说“王佐崎是个怪人”，笔者却觉得将这个“怪”字换成“犟”字或许更合适。他本人就像这个字一样，一副牛脾气，头顶还有个“坚强”的“强”。“我不会当官，我就想干活，不给工资也行”——这是他的原话，一个字都不差。

如果一个人只凭着一副牛脾气，大概做不出什么成绩，但王师傅绝对是工作中的“大拿”。多难的活到他手里一转，个顶个都是合格。有的人凭着一股“钻”劲儿，往往能够攻克一个难关，但如果这股“钻”劲儿能够持续四十多年，那么会出现怎样的奇迹呢？这个问题，元芳可能也没法回答。

但王师傅用他的行动给出了答案。在254厂整个机加车间里，哪一个车工没和王师傅学过两手？而经王师傅“带”过的徒弟，也早就成为了工厂的骨干。“省市劳模一抓一大把，工厂劳模那就更没数了”，王师傅的一个徒弟用这种形象的说法予以了佐证。当笔者向工厂工会统计王师傅本人所获的荣誉时，工作人员竟然说了句“数不过来”。从20世纪70年代的工厂劳模，到后来的哈尔滨市劳模、黑龙江省劳模，直到全国五一劳动奖章……如果说254厂办一个“劳动技能大师赛”，那么王师傅肯定会是赢得“大满贯”次数最多的那一个。和那些声名显赫的劳动模范相比，王师傅似乎还没有一张像样的荣誉照，在笔者的电脑里，凡是和他有关的照片，都是一样的场景——劳动。说了这么多，荣誉在这个“犟”老王眼里，您觉得还值得一提吗？

前不久，254厂开展了内部的“名师带高徒”活动，王师傅自然成了年轻人你争我夺的一块“高地”——谁不想和高手学两招？当笔者背着照相机来到机械加工车间时，王师傅终于在徒弟的说服下，好好整理了一下自己的着装，“我这胡子还没刮呢！”王师傅自言自语地说。有幸给王师傅做徒弟的是车间里一个年轻的小伙子，虽然“看”过了无数次镜头，但这一老一小还是第一次站在一起。“多照年轻人吧，我都啥岁数了，别照我了！”这个“犟”老王还是一挥手，转过身，继续研究他车床上的那点“活”……

无论是拍照还是交谈，王师傅绝对是一个“不配合”的对象。虽然在采访之前，笔者也看了一点“采访技巧”之类的“秘笈”，但一遇到“问一句答一句，不问不答”的“犟”老王，一切技巧便都失效了。笔者知道王师傅是那种“讷于言、敏于行”的人，因此，再多的文字介绍也不能展现出一个真实的他——他就是他，

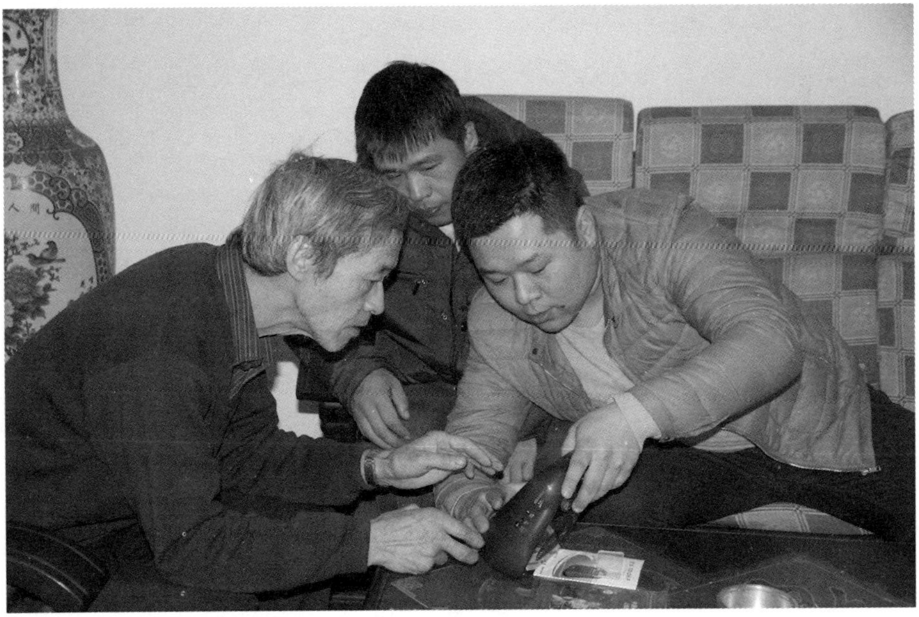

“啥也不图，就想干点活，再带带年轻人”。笔者突然觉得，手艺的传承是外在的，更重要的，是一种精神的熏陶。王师傅的“犟”，就像一头老黄牛：勤恳、坚守、执着……

发表媒体：《中国航天报》
发表时间：2012 年 11 月 27 日

当“家”把“舵”的科研女将

——记航天晨光股份有限公司研发中心压力容器部部长王芳

汪艺翔

她是一根醒目的标杆，20 载坚守公司压力容器研发系统，硕果累累；她是一株墙边的芳草，挂帅多个重大项目却默默无闻地在设计岗位上吐露芬芳。她就是航天晨光股份有限公司研发中心压力容器部部长王芳。

身为一名从事科研工作的学科带头人，王芳没有想象中的拘谨、严肃，而是一脸的亲切与和蔼。“没有团队的协作是成不了事的，搞科研尤其如此。”王芳说。

多年来，她经手大小项目 30 余项，有 11 个项目中的产品被认定为省级科技创新产品，其中，大型液氢贮罐与低温运输半挂车被

认定为国家重点新产品。仅2011年，该部研制的产品获得订单金额就达近亿元，她所在的压力容器部也在航天晨光名声大振。

点滴之间当好“家”

与荣誉相比，王芳认为，把整个团队凝聚在一起至关重要。在她眼里，部里的年轻员工就是她的“孩子”，看着“兵强马壮”的队伍，压力和欣喜交伴着涌向她的心头，她感慨道：“要带好一个不断壮大的队伍真不是件容易的事。”

那一年，部里的一个青年引发了她对中心研发人才队伍建设的思考。据王芳回忆，当事人是一名从乡村走出来的大学生，当时的收入水平和生活压力让他感到焦虑不安。作为主管领导，王芳多次找他谈心，并找到他的同事了解情况。经过近一个月的交流，终于了解了当事人的心结：家人希望他能留在南京。

一句“留在南京”，触动了王芳。稳定的生活环境是职工安心工作的前提，生活的问题解决不了，职工就难以安居乐业。经过几番思索和奔走，她契合公司绩效体系改革的时机，在压力容器部搞起了项

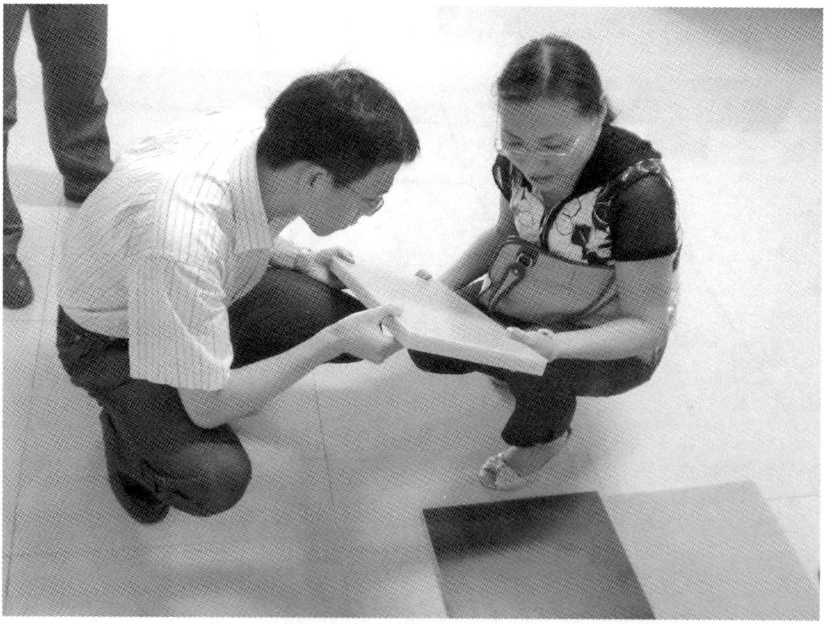

目制绩效管理，大家的工作热情被调动起来，收入也随之不断增加。

一度焦虑、沉闷的青年变成了一个敢于承担硬任务、视企业如家的男子汉。这让王芳深思：职工要的是希望和出路，而不是画饼充饥的敷衍，她开始意识到身为一个团队管理者身上的责任。

同舟共济把好“舵”

“一个科研团队的管理者，不仅要有出色的业务能力和管理技巧，前瞻性的眼光同样重要。”王芳坦言，她现在关注得更多的是压力容器部未来的发展方向，以及如何让部里更多的职工在企业和团队发展的过程中得到锻炼和成长。

“市场是检验科研成果最好的试金石。”她坦言，压力容器部刚刚成立的时候，一连串的挫折也曾屡屡消磨她的斗志，但她没有气馁，终于用一份份合同让她和她的团队找到了自己的价值。

2011 年，公司获得某型号液化天然气贮运槽车数十台、价值 6000 余万元的订货；接着，参与投标的航天项目也拿下 3000 多万元的订单……不断涌来的合同与协议，让这个只有十几人的部门忙碌并快乐着。

为了公司压力容器产品进军更高端产品市场，她在部里科研任务繁重的情况下，将该部一名青年员工送去培养，并成功拿回了第一张压力容器分析设计员资格证书，在调动员工学习积极性的同时，使公司向压力容器分析设计领域迈出了第一步。

面对机会和荣誉，王芳始终淡定从容。她说：“技术人员只有内心平静，才能为公司做点事。”正如该部门员工所说的那样，“因为有王芳在，很多人心里才真正把个人与公司的发展联系在了一起。”这或许是对她的最高评价。

发表媒体：《中国航天报》

发表时间：2012 年 11 月 27 日

眼里看的是病，心里装的是人

——记航天中心医院神经内科主任李继来

石　莹

李继来，航天中心医院神经内科主任，副主任医师，医学硕士，2012 年获“北京市优秀中青年医师”称号。

前不久，航天中心医院神经内科主任李继来荣获 2012 年北京市优秀中青年医师奖，该奖项是由北京市卫生局批准、北京医师协会设立的北京市医师行业的最高荣誉。

“一个好医生，眼里看的是病，心里装的是人。”这是李继来在近 12 年临床医疗工作中一直奉行的行医之道。作为一名航天人，他自始至终都将“特别能吃苦、特别能战斗、特别能攻关、特别能奉献”的载人航天精神贯穿到临床工作中。

患者眼中的“铁人医生”

“铁人医生”是“非典”期间患者给他的美誉。当“非典”恶魔般袭击京城的时候，一位年仅20岁，疑似感染“非典”并且有自杀倾向的患者被紧急送往航天中心医院，李继来不惧与“非典”病毒近距离接触的危险，连续十天十夜陪在患者床前监护病情变化。

“‘非典’时期，大家并肩作战的场景至今还历历在目”，一名医生回忆，“当时李继来在临床一线刚工作不久，每天身上都带着一瓶眼药水，夜以继日的工作导致他的眼结膜充血红肿。”从那时起，“铁人医生”的美誉便伴随着他。

放下临床一线工作的他，曾奔赴宁夏、内蒙古、青海、西藏等地参加“共铸中国心”的医疗义诊服务。“一定要把今天最后一个病人看完，他们来一趟不容易。”面对头痛欲裂、心率增快的高原反应，李继来吸着氧继续为群众看病。在平均海拔4000多米的青藏高原上奋战的日日夜夜里，李继来将他“铁人医生”的美誉发挥得淋漓尽致，用实际行动诠释着航天人对“道义”和“责任”的深刻

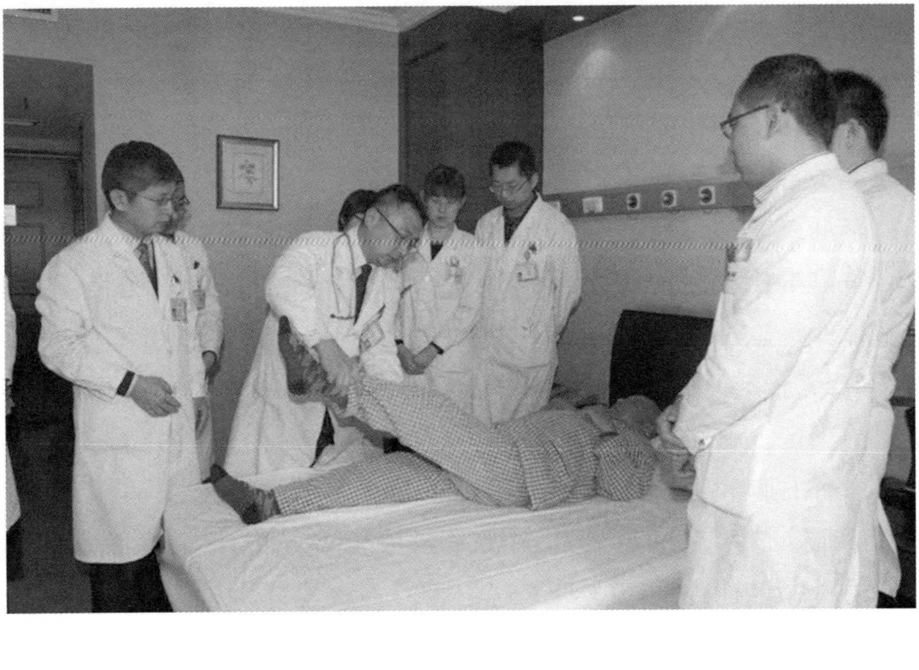

理解。

作为医院神经内科的领军人，李继来深知在履行救死扶伤义务的同时，也必须带领医护人员打好保卫患者中枢的这场“战役”。

他探索科室技术创新、管理改革的新办法：在全国首创脑梗塞超早期药疗加高压氧治疗，在北京地区最早建立神经内科重症监护室。2009年，航天中心医院神经内科成为卫生部批准的神经病学专业国家药物临床试验基地、北京大学等多家重点医学院校的研究生培养点。他带领的团队获得中国航天企业联合会第十四届企业管理现代化创新成果一等奖，并于2012年顺利入选国家重点学科遴选第一梯队。

争分夺秒，畅通生命通道

脑卒中患者由于发病急、症状重，抢救稍不及时就可能出现严重的并发症甚至危及生命，脑卒中黄金治疗期的研究是李继来一直攻关的一道难题，他带领医护人员建立了一套从发病到康复的无缝隙绿色通道。

一天晚上10点左右，一位神色焦急的家属推着一位中年人冲了进来。“大夫，1小时前我爱人在测量仪器时右半身突然不能动了，也不能说话了！他是一名精密仪器工程师，也是一名老师啊！”患者的妻子带着哭声喊道。

李继来立即判断：“急性脑血管病，目前尚在溶栓治疗时间窗内，争取溶栓，时间决定治疗效果。”20分钟后，加急头部CT检查结果——急性脑梗塞。但匆忙出门的家属身上只带了500元钱，无法取药。李继来马上联系医院总值班，做出了“先抢救，后交费”的决定。在时间窗内的最后10分钟，溶栓治疗开始了。2小时后，患者右脚和右腿能动了。第二天早上5点，患者失语恢复，可以说话了。清醒后的患者和家属紧紧地拉着李继来的手不肯松开，神经内科绿色通道的建立给了这位患者再次返回讲台的机会。

“知识来于病人，学术基于临床”。李继来始终坚信，学科的发展要深入到临床中去，要用航天精神激励神经内科的队伍成长，用精湛的医术保障航天工作者的健康。

发表媒体：《中国航天报》

发表时间：2012 年 11 月 27 日

“走量”青春

——航天科工海底管道漏磁内检测器项目负责人郑莉侧记

王若影

来自航天科工三院35所、现年33岁的娃娃脸女孩郑莉，带领团队研制出我国首款海底管道漏磁内检测器，打破国外技术封锁，终结了海底管道“洋检测”局面。国产检测器的问世背后，是一名基层设计师以量变求质变的民用产业梦想。

“目标达不到，是因为努力得还不够”，小个子、娃娃脸、齐刘海、一副小女孩模样的她，不追随心灵鸡汤，就深信老道理：“量变决定质变，错不了。”

她是郑莉，一名执着于“走量”的基层设计师。

致让我习惯挑战的航天青春

顺风顺水的人生在迈进航天事业的第一个月出现了转折。

郑莉依然记得，2008 年 4 月，第一次在所内月计划中看到自己的名字，看似与所学专业"信号与信息处理"没有关联，陌生的内容、模式带来的恐惧和不安持续了数月。"一样样学吧"，在师傅带领下，她学习图纸、推演公式、设计电路、编写程序仿真、下车间、跟生产、做可靠性分析、写报告，几乎每个晚上都会在实验室待到 9、10 点。

对于自认为开悟很晚的她，在曾经，青春更像是图书馆中的书香、林荫道上谈论着的个人憧憬，芳香甜美。入职后，那牵一发动全身的技术攻关、数不清的失眠夜，让她领悟到："这才是青春本来的模样。"

航天青春似乎总不及粉饰地迎来接连不断的挑战。郑莉在入职三年间经历了两个专业不同的项目组，学会了对挑战"迎来送往"，也在不同专业的磨砺下逐渐串联起思维方式，并形成了与"国家利益"相连的价值观。使命意识与挑战精神，为她的快速成长注入能量。

一直努力，总有机会

2011 年，一个民用产品需求来到了 35 所。郑莉获知，我国海底油气管道检测业务长期依靠国外，高昂的价格、局限的服务、能源信息的不受保障，让国内油气能源行业迫切希望打破技术封锁，让自家管道用上自家制造的检测设备。然而，这项称为漏磁内检测的技术难度极大，国内各机构经过 20 余年攻关，仍未有所突破。

这个全新的领域燃起了郑莉的挑战欲。获知需求的当晚，她彻夜未眠，向所内提交了一份漏磁内检测的初步方案。被告知当时对检测器的了解只能到网上查看个大概外形、项目还有其他起步更早的机构竞标时，她收到了不少“想得太天真”“不可能”的意见，但对航天的“急、难、险、重、新”不再陌生的郑莉不断告诉自己：“一直努力，总有机会。”

机会不会从天而降。“漏磁内检测”填满了她“缓慢却有所前进”的一年，郑莉寻找一切可查找的资料、一切可请教的专家。有点冒失地致电、基础的问题、详细地追问，在电话那头素不相识的专家似乎也被这个女孩迫切的声音所打动，耐心地为她解答疑问。也正是在这样的交流中，年轻的设计师真切体会到了“科学精神”，仿佛在撑起她小小的骨架。

质变来了，在缓慢、矛盾，甚至痛苦的等待后，终于来了！

2012 年，海底管道漏磁内检测器局部试验成果得到认可，35 所获得产品研发项目；2012 年年底，原理样机关键技术攻关和分系统研制完成；2013 年，原理样机研制、工程样机优化设计、核心技术攻关完成；2014 年，工程样机整机研制完成。

走量、走心，奋斗的青春不会被辜负

2015 年 10 月，国内首例国产漏磁内检测器完成海底管道实际检测。我国等待了 20 多年的国产漏磁内检测器在渤海湾宣告：中国的海底油气管道，中国可以自行检测、自行维护！

成功的背后是电气结构小型化、低功耗、高精度传感器阵列设计、内外缺陷检测等多项具有自主知识产权的重大技术突破，是数百次牵拉、水压环路、气压环路等严密的陆地验证试验，是记不清的港口露天试验场上的风吹与暴晒，是团队成员们无数次的头脑风暴与无数次的修改论证。

成功的背后也是基层单位军民融合的探索与拼搏。作为35所迄今技术难度最大且团队最大的民品项目，由一名普通设计师成为项目负责人的郑莉，“啃”下大量管理学书籍，向许多管理者请教团队管理经验。通过合理分工、目标化、任务化、时间片处理等方式，简化组织关系链，降低个体任务执行的外部依赖性，让沟通、协同和决策效率提高；同时，着重提升成员时间意识、目标意识、结果评价能力等，强化自我管理。她成功摸索出一套协同的管理方法，使项目的研制效率及团队士气始终维持在高点。

如今的郑莉，成为了35所智慧管网中心的负责人。海底管道检测与城市地下管网探测的多型产品正在研发中，更安全、更便捷、更经济的“智慧”产业将走出中心，走向国民经济主战场。

郑莉坦言，心底一直有个梦想——一个基层单位、基层设计师的梦想：“聚沙能成塔，相信有了我们的坚持和努力，军民融合的路会走得更宽、信心更足。”

同样深埋她心底的，还有试验场边那卷着喜悦袭来的风的味道、青春的味道，不算芳香甜美，却是甘甜爽快。

真诚的梦想不会被磨灭，奋斗的青春不会被辜负，感谢这“走量”的航天青春！

发表媒体：《中国安全生产》《科技创新与品牌》《中国航天报》

发表时间：2016—2018年

付出的是真诚　拥有的是敬仰

——走近“中华技能大奖”得主阎敏

曹恒平　马　静

“国家级技能大师阎敏工作室”落户四院江北公司不过一星期，2012年12月18日，一则振奋人心的消息再次传来：在国家人力资源和社会保障部召开的第十一届高技能人才表彰会上，阎敏摘得“中华技能大奖”桂冠，实现了中国航天三江集团“中华技能大奖”零的突破，并成为了中国航天科工集团此次唯一的获奖者。

一个月内连获两次国家级荣誉，20余年扎根三线，获奖无数。人们不禁要问，是什么让他事业“永葆长青”……

带着疑惑，带着对阎敏的敬仰，笔者走进了该公司一车间，走近了“中华技能大奖”得主阎敏。

对事业执着追求，更忠诚专注

44岁的阎敏，1987年参加工作，技校毕业后的两三年便已名气在外。1992年前后，他被公司领导钦点为专攻某部组件的人选。1996年，阎敏事迹入选《当代中国能工巧匠》一书。

说起某部组件的加工，一般熟知加工流程的人，大多是退避三舍。且不说加工过程中加工尺寸难控制，仅是原材料少则几万元，多则几十万元的加工风险，就不是一般人心理所能承受的。但阎敏却矢志不渝，即便是成名后有不少企业意欲高薪聘请，他也从未动摇过。

通过总结出一套复合材料异型多位曲面的配车加工技术，他真正成为了一名名副其实的某部组件主刀第一人。经统计，仅他先后承担的数百台某部组件的批产及参与研制的10余种关键件，创造可直接计算经济效益达近2亿元。

正是凭着对事业的忠诚、专注、永不却步，他深钻、博览，成为了与时俱进的行业领军人物，并拥有5项本专业技术特长、绝招；他摸索并总结出9项加工方法，有4项被公司推广，3项纳入了工艺文件中；在重大难题、关键技术突破上，他提出多项创新加工方法，体现了他敢于挑战自我的执着追求。

勤于学习，更善于思考

无论是该公司为他总结出的"'四字'工作法"，还是他个人在不同场合谈体会或带徒传授"工作要诀"，"学"与"思"始终是他身上的两个关键词。

也正源于此，"车工是一个易学难精的工种"传统被他改写、打破，不但在10余次省、部及国家级技能大赛中屡屡获奖，被职工、媒体誉为"常胜将军"，更是成为了航天科工集团、湖北省"首席技师"，航天科工集团"十大技能高手"。

对于“学”，尤其是如何思考性地学，他颇有独到的见解、心得。在获得湖北省首届“技能状元”等多次“感言”会上，他概括成了三句话：勤于从书本中学，且要勤学、不断地学、与时俱进地学，并能学以致用；从成功者、模范人物身上学，尤其要学习他们“吃苦耐劳，勇于奉献”的务实精神、精于做事的人生态度；勇于思考，从实践中学，尤其是要常思失败之源，常思成功之道，并将善于总结、思考、积累形成学习、工作的一种习惯。

2000 年，公司购入首台数控设备不久，便赶上了他的强项——湖北省普车大赛。是参加大赛抓住自己扬名发展的机会，还是选择学习接触数控？他选择了后者，并在此后近两年的“闭关修炼”中“恶补”数控知识，还每天把媳妇拉上一块，在英语词典里找单词、背句子……也因此，在这段时间里，他虽然没涉足技能大赛，却熟练掌握了 FANUC、NUM 两个复杂的数控编程系统，还开发出了 15 种常用性设备操作功能。

阎敏获“中华技能大奖”后的次日，笔者又一次走近了他。他提及更多的依旧是学习，尤其是在技术论文上，他说这是他的弱项，要有个突破。他打算花一两年时间，先把他及同事近 20 年来加

工的20余种某部组件所存在的问题、经验与教训，系统地整理出来，并从如何完善加工步骤、方法上做一些理论与实践性的研究。

传道授业，更乐于甘为人梯

俗话说，“同行是冤家”。但在阎敏的身上，尤其是技能比武场上，即便是在湖北省第二届“华中数控杯”、首届“技能状元”比赛中，两次与石家明等人同台赛技、一决高下，赛前，他扮演的也不是对手，而是教练、良师，他会反复地将多年来积累的竞赛“秘诀”毫无保留地告诉他们，并主动地为他们理出几个应对竞赛的预案或答卷，以致当石家明获得全国“振兴杯”普车第三名发表获奖感言时，谈及阎敏，总是肃然起敬：“他就是我心目中的一面旗帜！不管是在工作中，还是学习上，我将始终以阎敏为榜样……”

正是源于阎敏对待同事均有着像对待石家明等人一样的心胸、行为，该公司在省级以上技能大赛有22人次捧杯得奖，其中，跻身全国技能竞赛前三名的有2人，获得省级技能竞赛前三名的超过10人，并拥有全国、省部级“技术能手”称号的分别有4人、15人。

2008年，阎敏退出技能比武赛场后，虽然一次一次赛场获奖归来的鲜花、掌声从自己身边淡去了，但不影响他前进的步伐——传道授业。

以他近20年记载的8本工作日记为蓝本，总结并推出了“学、思、勤、静”四字工作法及“勤思考、勤计算、勤测量”的三勤工作法，尤其是他以自己数十次加工案例，总结出的“不可视型面‘听声对刀法’”，达到了人机合一、人技合一、人刀合一的精准境界。

与此同时，他组织全国、省“技术能手”周大华、杨勇等一批党员组建了“阎敏党小组”攻关团队，将开展刀具成本管理课题研究、数控编程进班组课题活动等，纳入2012年的中短期攻关目标，以待打造具有航天特色的“国家级技能大师阎敏工作室”知名品牌。

与阎敏及与阎敏同事、朋友近距离的接触，让笔者从阎敏身上明白了一个道理：阎敏，其实离我们很近，他所做的，我们都能做到。所不同的是，走近阎敏，仿佛让我们走上了一条小路，虽曲折，但却绿意葱茏，让人不再浮躁，且愈往前走，你愈发会感觉，在走向旷野、走向自然、走向崇高……

发表媒体：《军工文化》

发表时间：2013 年 1 月 13 日

阳光下做人　风雨中做事

——记第十一届“全国技术能手”乔文革

张学敏　刘远航

“阳光下做人，风雨中做事”一直是乔文革的座右铭，20多年来，他在平凡的岗位上默默奉献，用不断创新的理念和高超的技能为技能工人树立了榜样。

琐碎中见真功夫

1986年，年轻的乔文革刚刚参加工作，成为68车间的一名普通钳工。钳工的工作看起来比较琐碎，每天要忙着给车间各式各样的“活儿”划线、去毛刺、校形、刮研、打孔、攻丝等等，干

好这些活儿可不像表面看上去那么简单，我们都知道每一道工序都是承接上一道工序的，并且要为下一道工序服务，多种工序共同完成一件产品。如果每一道工序都偏差了那么一点，即使符合图纸的工艺要求，但最终生产出来的产品大部分是不能用或不好用的。

乔文革尽量多地与各道工序的工人和工艺人员沟通。几乎每干一件活儿，乔文革都要不厌其烦地问这问那，直到他把这件产品吃透。

1994 年，由于他个人技术突出，车间决定调他到责任更重大的精密装配岗位。为了掌握装调技术，提高装调水平，他一门心思埋头钻研技术，边干边学，尤其注意观察老师傅怎么干，不放过点点滴滴的学习机会；同时，产品交付是直接到达设计人员的，因此设计人员对于产品最有发言权，乔师傅十分注重与设计人员的沟通。

期间，乔文革不仅自学了很多机械加工常识，对于电子装配方面也颇有研究。一份耕耘，一份收获，乔文革逐渐从一个普普通通的工人成为了二院钳工专业领域的专家能手。

巧思善学解难题

产品的零件往往形状复杂、壁薄、精度高，因此，焊前装配技术是影响整个部件精度、焊接质量及生产效率的重要因素。对此，乔师傅通过不断钻研相关知识、提升技能，摸索出一套自己的绝活。

真空焊接需要在焊接前将焊料放置在需要焊接的零件之间，之后放入真空炉中融化焊料进行零件的焊接。如何使焊料均匀地融化在两个零件之间，使其保持良好的工艺性能，并在电调试验中达到既定的性能指标？这个问题一直困扰着乔文革。

直到有一天，乔文革在吃饭的时候突然想起20世纪80年代家里饭桌的桌皮是手工贴制的，为了让桌皮平整地贴在桌子上，用平板来压总是难以达到理想的效果，工人们就用在桌子上撒沙子的方法，根据不同位置桌面的情况撒上不同量的沙子，最终使桌皮贴得非常平整。受此启发，乔文革采用在零件上放置不同重量砝码的方法，经过几次测试，终于能够稳定控制产品的焊接质量，大幅提高了平板裂缝天线装配焊接后的电测合格率。

在某型号伺服机构的装配中，由于装配过程中零件众多，而且涉及到尺寸配合，部分零件不能紧，要能灵活转动，同时另一部分零件不能松，但要能随时调整旋转角度，这可难坏了装配组的各位同志，不过还是乔文革想出了办法。

他从使用力矩扳手中发现，只要零件尺寸合适，某些重要组件的锁紧力是几乎不变的，于是他提出了伺服机构装配参数的测量，将伺服机构从定性装配过渡到定量装配，把技师隐式的知识变为显式的规则，并用以指导装调，实现了定性装配向定量装配的转变。

发表媒体：《中国航天报》
发表时间：2013年1月31日

东北小伙，梁子

——记哈尔滨市第十二届职工技术运动会数控铣第一名获得者、254厂精密加工车间数控铣班工人梁德彬

童　旭

参会迟到对他来说就像家常便饭。每次说明缘由并得到默许后，他便安静地坐在椅子上，静静地听着别人的发言。听人说，他开会经常迟到，而所有人却都给予了他莫大的宽容——在笔者眼里，这种宽容简直就是一种放纵。但当笔者了解了这个人之后，倒觉得这种“纵容”是很有道理的。

他是1986年生人，属虎，是一只地地道道的“东北虎”。然而和通常意义上的东北大汉相比，他并没有那么宽阔的肩膀和壮实的身躯。相反，一副窄边眼镜，略显消瘦的脸庞，要是不说话，你根本看不出他是一个东北人。没错，就是这个开会经常迟到的小伙

子，他就是梁德彬，哈尔滨市第十二届职工技术运动会数控铣第一名获得者。

“当时就是想把手里的活做好”

“梁子，有人找！”刚来到精密加工车间，同事对梁德彬的称呼就让我感到很亲切，仿佛大学宿舍里那个挺“嘎”的小兄弟。梁子笑呵呵地走过来。

笔者：“今天忙吗？”

“还行，一会还有个活儿。”

“估计得耽误你一会儿，需要采访一下你。不了解你，怎么写通讯稿啊！”

“其实我也没啥好写的，本职工作做好了，就算我完成任务了呗！”看来这个“梁子”确实很“讷于言”。

当我们聊到去年那次全市技能比武时，梁子显得很兴奋。“哎呦，那天实操（实际操作）可把我紧张坏了，就怕自己出现太多失误，要是那样的话，咋对得起单位对我的信任？回去之后，车间那帮哥们儿非把我煮了不可！”

据说那次技能比武，哈尔滨市各大企业一共派出了2000多名不同工种的技术能手。254厂十分重视这次比赛，层层选拔之后，最终派出了一支精干队伍，梁子就是数控铣工的代表。当天的比赛相当激烈，理论部分考试结束之后，每个项目大概只剩下50多人，梁子说他并不怕理论考试，“程序那玩意只要你熟，就没多大问题，关键在于实际操作。”50多人的实操比赛刚一开始就进入了白热化。梁子自称“很紧张”，但只要一碰到机床，紧张感就没有了。“当时就是想把手里的活做好”，梁子点点头说。

“那次我可真是累了”

在254厂的精密加工车间里，到处都有一种怪怪的味道。“这是冷却液的味儿，没这东西降温，刀具 24 小时高速运转，肯定受不了。”没错，精密加工车间向来有着“人停机不停”的铁规矩，数控机床 24 小时运行，工人们则是一天三班倒。说起数控铣，梁子一下子来了兴致——“讷于言”的人竟然也开始滔滔不绝了。“你看这个刀具”，他指着一个停止运行的机床对我说，“每分钟能达到 30000 转，很多产品的关键部位都得用它来做，这些可都是我们车间里的宝贝！”说着他还启动了一下给笔者看，擦得锃亮的机身平稳地运行起来，“这家伙相当厉害！”

其实厉害的还不只是机器。2009 年的时候，由于缺少必要的设备，254 厂的部分生产任务还需要到别的单位去完成。刚刚入厂两年的梁德彬就接到过这样的“大活儿”。

“那时候厂里需要赶进度，大家都挺着急。我是新来的，就跟着师傅们干呗！”的确，2009 年的梁子还是一个新人，就凭着一股冲劲和韧劲，他很快成长为精密加工车间里的一名“悍将”。

“有一次在车间干了三天三夜，顿顿盒饭，困了就在休息室眯一会儿，那次我可真是累了。”为了完成生产任务，梁子和他的同事们经常一干就是通宵。

“吃住都在车间里，忙得连白天黑天都忘了。”虽然是苦事，但说到加班，梁子脸上还是露出了骄傲的神情。

“这个东西大家都认可”

你要是觉得梁子只会以蛮干的方式去完成工作，那你可就错了。闲聊中笔者了解到，梁子曾经很喜欢玩网络游戏，而且还是个“高端玩家”。“现在不玩了，工作起来就没有时间，好不容易有了时间就什么都不想干，只想睡觉。”看得出来，梁子应该是个很聪明的人。

“2011 年我们到北京参加一个关于编程的培训，我真是学到了不少东西”，梁子认真地说，“虽然那次只学了一个礼拜，但我真觉得自己有了一个很大的提升。”

回到哈尔滨后，在北京学到的“宏程序编制及应用”就成了梁子在工作中的“杀手锏”。“有一次生产一个型号的关键部件，我们大家都被难住了。”据说那次生产任务所要求的精度非常高，而且还是个“急活”。正在大家一筹莫展的时候，梁子突然想到了那套“宏程序”。大家商讨后，觉得梁子所提出的方法具有一定可行性，结果，不仅精确度达到了要求，而且工作效率大大提高了。车间领导和同事们都说梁子“好样的”。梁子腼腆地一笑，“嘿嘿，我觉得工作光有体力不行，还得动脑子。这个东西（宏程序）大家都认可，我还是挺骄傲的！”眼前这个身体单薄的小伙子，真是让人刮目相看！

“我得管他叫‘师爷’”

“其实我真没啥好写的，厉害的还得说是我师父和师爷！”梁德彬谦虚地说。他所说的“师父”，是 254 厂又一名技艺超群的 80 后。

说起师承，梁子又来了兴致，“我师父的师父就是我们数控铣班班组长王宇唯，我得管他叫‘师爷’！”在梁子的话里，能明显感觉到他对自己这些“前辈”们的感激和崇拜。梁子刚来精密车间，就是师父王翔宇带他，一带就是四年。当谈起关于师父的话题时，梁子说：“我师父非常厉害，上一届技能比武他还得了第五名呢!”

“那你这次得了第一名，可把你师父都超过去了!”笔者笑着说。

梁子似乎感觉自己刚才说的有点“大逆不道”，便立刻改口说，“其实是我师父教得好，才能后浪推前浪嘛!”看得出来，精密加工车间的“名师带高徒”模式已经成为了他们技能人才培养的重要“法宝”。梁子又说，“我现在还带两个徒弟呢，他们都很不错!”如此算来，年纪并不大的班组长王宇唯，如今都已是“祖师爷”了!梁德彬所在的数控铣班获得了全国“工人先锋号”，仔细想想，这份殊荣的获得也许和他们的师承传统不无关系吧!

简短的采访结束了，不好再多打扰梁子的工作，因为不久之后，他又要代表工厂参加黑龙江省的职工技术运动会，这段时间他正忙着“拉练”，用他自己的话说，“我手头还有点活儿”。想想也的确如此，为了工作，梁子和他的同事们一年当中也没有几天悠闲的日子啊!“手头那点活儿”在他们眼中比什么都重要。当笔者走出精密加工车间的时候，脑子里还在构思着这篇通讯稿。想来想去，突然觉得再华丽的语言似乎也不能将他们的故事讲完——笔者不过是在用手中的笔记录着他们的故事，而真正创造那些故事的人，不正是他们自己吗?

发表媒体：《中国航天报》
发表时间：2013 年 1 月 31 日

一年行遍南国北疆、东海西漠

——记中国航天科工2012年“优秀发明人”、二院206所科技委副主任彭雪明

张志彦

彭雪明是二院206所创新预研项目的技术负责人，同时，他也是206所科技委副主任、某型号总设计师。

在他的科研生涯中，他是“国防科学技术进步奖一等奖”“全军科学技术进步奖一等奖”的获得者；享有“‘十五’科技创新先进个人”、集团公司“优秀发明人”、二院“突出贡献专家”、二院“人才培养先进个人”等多项荣誉称号。

2012年的关键词：ABCD，1234，十全十美

2012年对于彭雪明来说是忙碌的一年，是奔波的一年，更是充满挑战的一年。

“ABCD，1234，十全十美”是彭雪明对其负责的某型号系统2012年工作的精辟总结。“ABCD”是指2012年该系统与不同类型的四型系统联合开展了试验，期间，很多时候是与其他2个，甚至3个型号同步开展工作。

“1234”是指2012年该系统工作与船舶、二院、三院和四院密切联系，协调工作。“十全十美”是指2012年该系统完成了多达10次的发射试验，且发发成功、次次圆满，成功率100%。

实现上述关键词是一个怎样的挑战。在短短1年中，仅1个型号，与四大总体型号的合作同步进行，型号研制与批量生产工作齐头并进。试验、保驾、协调、讨论、飞机、火车……头绪千丝万缕，任务繁杂而艰巨。

彭雪明以型号总设计师的负责严谨，认真梳理了多项任务的纷繁逻辑，严格把握着每一个试验关键环节、精确掌握着每一项工作的技术关键点，全心全力确保一次次发射试验圆满成功。

博览勤思，锐意创新　力扛装备预研重任

彭雪明不但是多个在研型号的总师、副总师，还是集团公司科技委委员、206所科技委副主任，担任着探索装备预先研究的重任。

在国防科研生产的二十几年中，他钻研基础研发，积累了大量

的工程实际经验。为了保证自身知识结构的与时俱进，他一直坚持了解国内外相关专业的设计、生产、试验技术和发展趋势，自觉地学习新知识、新技术。通过不断地自主学习和积累，彭雪明具备了完整而优化的专业知识构架、创新而敏锐的意识思维。

在某型号系统新领域的开拓过程中，他勇担预研和演示验证重任，开阔思路、自主创新，提出和实现了智能参数控制等新思路和新方法，解决了一系列难题，为我国海军更好地保卫国家安全提供了有力保障。

细润心田，孜孜不倦　培养航天青年接班人

彭雪明还有一个特殊的身份——技术研究生导师，这也是他的心愿：希望自己能够把所学所知传授给年轻的航天科研工作者，能够培养出更多出色的航天科研工作接班人，能够带出一支高素质的航天科研队伍。

他在繁忙工作之余，不忘悉心培养研究生，耐心指导他们选择研究方向和研究思路。他坚持岗位成才，以型号为依托，开设新的科研项目，并经常主动参加青年知识讲座。在探讨技术问题时，他从来不故作高深，不言晦涩难懂之辞。他更喜欢用举例子、打比方的方式，将深奥难懂的知识、原理用浅显直白的语言表达出来，帮助年轻人更好地理解和掌握。

辛勤耕耘结出累累硕果，几年来，彭雪明已经培养出 6 名技术专业硕士研究生，且他们均已在各自的岗位上开始了工作。彭雪明带领的型号团队也成为一支公认的高水平研发队伍，其中多名队员后来成为了主任设计师或副主任设计师，并在多个型号和民品开发中作出了重要贡献。

彭雪明就是这样，坚韧不拔，全心全意地为航天事业不懈努力，他始终走在技术队伍的最前列；他积极投身于航天科研工作的滚滚热潮中；他悉心指导，用心培养年轻的航天工作者，为装

备长远发展实现技术储备，为祖国的国防事业积蓄能量、奉献才智。

发表媒体：《中国航天报》
发表时间：2013 年 2 月 5 日

蹚出一条路　踏踏实实走

——记33所智能机器人研究室主任张新华

唐新培

“我期望，在不远的将来，我们的智能机器人产业能够做强做大，形成一定规模的产业；我期望，我们的智能机器人研究室未来能够成为具有国内一流水准的研发团队。”这就是33所智能机器人研究室主任张新华为之不懈奋斗的“机器人梦”。

为了这个梦，他抛开博士的光环和已有的成绩虚心地学习着；为了这个梦，他不厌其烦地反复调研论证着；为了这个梦，他带领团队一步一个脚印地扎实前进着……

内与外的碰撞

2002年3月，刚刚从天津大学机械设计及理论专业博士毕业的

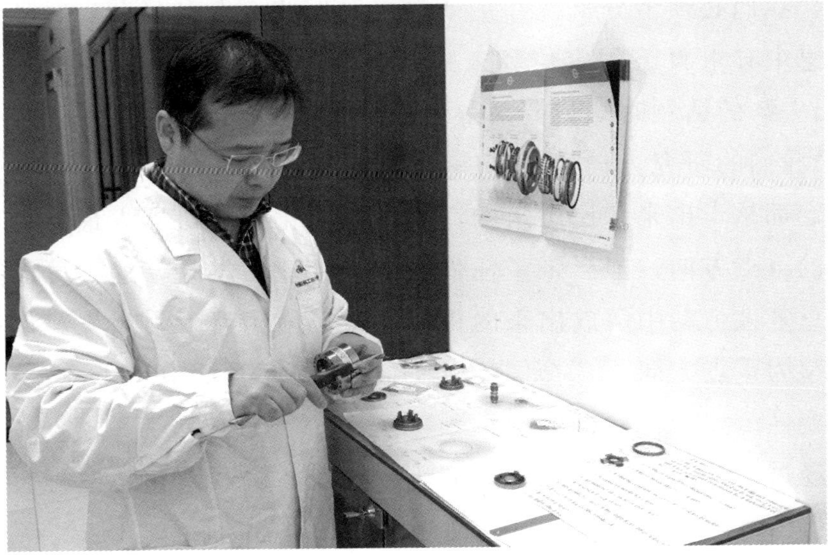

张新华进入 33 所，一起带来的还有自己经过前期调研后确定的电传伺服技术专业发展思路。“2001 年，我来面试的时候，看到所内欣欣向荣的发展状况非常兴奋，觉得这应该就是我理想的发展平台。”张新华深感当初的选择是正确的。

初出茅庐的他承担起了 33 所伺服系统的预研工作，扎实的专业技术和良好的工作作风让张新华很快脱颖而出，2006 年之后先后担任多个型号用伺服系统主任设计师。

2011 年 2 月 24 日，33 所智能机器人研究室成立了，38 岁的张新华成为了这个“有潜力成为 33 所未来最庞大的科研机构”的掌门人。然而，内行人都知道，机器人要搞起来很容易，但这个对于 33 所刚刚开启的新方向，要做到国内领先、世界领先却非常不易。

张新华说：“我们的首要任务就是尽快找到合适发展的切入点，早出成绩、多出成绩、出好成绩。”一直在“体制”内成长的他很快意识到：确定发展方向决不能靠拍脑袋，必须走出去！

走出去！这也成为了张新华以及他的机器人研制团队的工作重要法则之一。

“在开展机器人发展状况调研的过程中，我深感开拓眼界的必要性，我们必须十分重视并主动去接触那些企业和经营者，从海量的信息中寻求自己的定位和未来的方向。”性格内向的张新华谈起“走出去”的话题时却难掩兴奋。

“我们的研究方向经历了一个由发散到收敛的过程，很多方向的确定都是走出来和比出来的，比如小型化工业机器人最早并不是我们的重点方向，但当张主任带队进入企业后发现，这种可以把人员从重复性劳动中解放出来的机器人市场潜力巨大，后来我们就将其调整为重点方向了。”研制人员王晓林的一番话道出了“走出去”的重要性。

经过充分的调研论证，高机动性移动类机器人和新型协作型工业机器人最终成为了研究室当前确定的发展方向。

德与才的交融

“他明明是一个搞机械的，结果现在控制也懂、软件也懂、硬件也懂、数据传感器也懂、路径规划也懂……”谈起张新华的“神奇”，研制人员吕翀博士露出既敬佩又惊讶的神情。

其实，这背后的奥秘是公开的，也是显而易见的。对张新华十分了解的王晓林透露，张新华是室里加班最多的人，只要晚上没有其他事情的影响，他一定会选择待在办公室里看资料，而且基本上都是最新收集到的资料。

“我对机械还比较了解，但智能机器人研制是一项十分复杂的系统工程，必须进行大量学习和调研，否则，根本无法适应发展的需求。”对于学习的必要性，张新华有着清醒的认识。

凭借多年的工作经验和不断地学习，张新华对于团队的发展有了更多的思考，对于室内技术人员也能提供更多有益的指导。在张新华的眼里，室内人员根据能力等因素可以大致划分为开拓型和基础研发型，对于有创新能力的开拓型人才，张新华会明确地指明工

作方向，对于工作踏实的基础研发型人才，他会根据每个人的特点发挥其作用。

吕翀说："在张主任制定的培养机制中，我们每个人都有机会锻炼自己的能力，未来无论是在室内，还是在其他地方，大家能够独立承担起一个项目的组织和研发，这真的让我们受益匪浅。"

除了踏实科学的作风，诚恳也是大家对张新华的普遍评价。"他的诚恳不仅是对我们，甚至对客户也是，绝对是设身处地为客户着想。"王晓林提到的"对客户也诚恳"发生在一次市场调研中。在市场调研参观的过程中，张新华对其包装自动化提出了许多想法，优化后的模式能够将人员使用量降低70%，这令该企业大为惊喜，谁知，诚恳的张新华又对物流自动化等给出了自己的方案，此后，该企业对33所的智能机器人产品产生了浓厚的兴趣，双方已经就合作展开磋商。"诚恳相待是我一贯坚持的相处原则，无论是对客户还是部门员工，我愿意像朋友一样和大家相处。"张新华说。

当前，33所智能机器人研究工作还有很长的路要走，该项目发展对于33所自身惯控产品自动化制造转型、整体产业升级以及未来服务各方市场都具有十分重要的意义。"我和我的团队必须踏踏实实地从每一项具体的工作做起，我也经常用高中语文老师说过的一句话'不见日增，月有所长'来鼓励学习和工作上的每一步，相信我们一点一滴的付出，一定会换来智能机器人技术和产业的美好未来。"对于心中的"机器人梦"，张新华和他的团队充满期待。

发表媒体：《中国航天报》

发表时间：2013年2月5日

“梦想缔造者”：从概念到产品

——记航天科工四院四部某项目技术负责人李志文

路婷婷　詹　鹏

在同事们的印象中，李志文总是一副腼腆的大男孩形象，但只要是与他共事过的人，都会在他身上深刻体会到预研战线同胞们所特有的开拓创新、精益求精、不达目的决不罢休的坚定和执着。

从枯燥到喜欢，逐渐发现工作乐趣

李志文和他的同事们就是将先进的设计思想转化为工程化实践的预研工作者，他们被形象地誉为“梦想缔造者”。

预研工作看似枯燥，而李志文就是在与枯燥的外文资料、无聊的数据图表、乏味的数学公式打交道中，逐步掌握了预研工作的方法，发现了预研工作的乐趣。

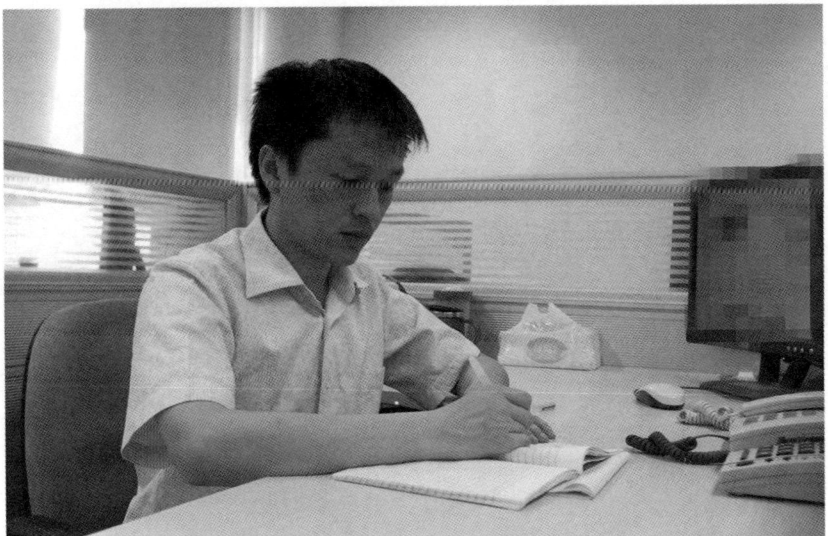

在日常工作之外，他特别关注国外航天领域尖端技术的发展，不断追求型号和专业相关的新技术、新知识、新发现。他知道，只有保持不断的进步，才能做好预研工作。他有计划地开展涉及多学科交叉领域的学习，并在平时的工作生活中，养成了利用闲暇时光保持碎片化学习的习惯，充实专业知识。他这样形容自己的“预研情怀”：尽自己最大的努力，用比人家多几倍的努力去干一件事情。只有这样，才有可能脱颖而出、出类拔萃。

从喜欢到适合，获得“解难高手”美誉

科学探索的征程上没有一蹴而就，唯有不断学习和积累，方能实现梦想。

在四院重点预研项目的某专项技术项目中，李志文担任了该项目的主任研究师。面临项目技术难度大、部分关键技术进展缓慢的实际情况，他大胆提出试验设想，通过理论计算、结构设计与生产实践，被证明是一种简单、可靠、可行的正确选择，为飞行试验节省了大量经费，有效缩短了研制周期。

除此之外，他敏锐地注意到“为数据设计飞行试验”的重要发展趋势以及先进的参数辨识技术。该方案技术新颖、可操作性强，可并发激励多个通道，特别适合飞行状态变化较快的试验飞行器，创新性很强。他组织技术人员认真讨论，发挥大家聪明才智，理解技术方案核心，研究小组干劲十足，半个月即掌握了方案机理与实施流程，2个月即掌握了关键性的技术处理方法，5个月即建立了系统程序，攻克了这一先进技术方案从机理到实施的系列技术问题，形成了新的创新性研究方向。该设计理念的应用将为飞行试验技术开辟出一个极有潜力、价值巨大的应用方向。

从适合到担当，最终实现预研梦想

2010年，随着在预研工作领域的快速成长，李志文担任了总体主任研究师、技术负责人，负责新一代系统研制项目总体技术抓总，与各系统协调的任务。一直从事技术工作的他逐步由关注部分转变为从全局着眼，他从项目整体利益出发，与分系统共同解决问题、分担技术风险，推动项目整体不断前行。

2012年春节刚过，当大家都还沉浸在爆竹声中时，李志文接到紧急通知，用户将在一周内对他负责的某预研项目进行方案评估，一同参加评估的还有另外两家竞争单位，而用户将根据此次评估结果优选支持单位。

李志文和项目组成员深感责任重大。为了准备材料，他与项目组成员从假日里的轻松惬意状态转变为计算机前的“拼命三郎”。他自己作为统稿人与汇报人，更是忙得几乎没有时间吃饭，甚至经常通宵达旦工作。终于，在不到一周的时间内，项目组系统整理了项目预研成果，汇报稿内容丰富、翔实，答辩准备充分，获得在场评委和用户的一致好评。四院在方案评估中最终取得了第一名的好成绩，为项目的开拓和发展奠定了良好的基础。

通过全体试验人员的共同努力，李志文所带领的团队首次实现了我国某型航天产品从概念到产品的突破，对四部核心竞争力的提升、对巩固集团公司在相关领域战略地位都具有重大意义。

发表媒体：《中国航天报》
发表时间：2013 年 2 月 5 日

航天“献血哥”8年救助百余名患者

李忠仕

“等感冒好了，我就过来献血。”2013年2月26日，朱爱民接到孝感市中心血站工作人员的求援电话后，显得有点激动。

8年献血46000毫升

善良乐观的朱爱民是四院江北公司的一名普通工人，今年43岁的他8年来默默无闻地坚持无偿献血56次，其中献全血3次，献成分血53次，最多的一年献成分血达12次。

2005年，孝感各医院在用血高峰期血液库存比较紧张。朱爱民听说献血对自身不会有伤害，又能给重病患者带来生的希望，便主动走进了孝感中心血站。从此，献血就成了他生活中很平常的一件事。每当接到血站的紧急用血电话后，不管是节假日，还是酷暑严

寒，他都会赶去献血。这一年大年除夕，家家户户都在欢天喜地吃团圆饭，朱爱民却在这一天完成了自己的第 45 次献血。

如今，朱爱民无偿献血总量达 46000 毫升，相当于将全身血液更换了 10 次，被人们称为航天“献血哥”。当被问及坚持献血的原因时，他憨厚地笑着说：“赠人玫瑰，手有余香。人总要为社会做点事，更何况我是一名航天人。”

希望更多人参加无偿献血

孝感市中心血站机采科方科长介绍说：“人体血液是由红细胞、白细胞、血小板、血浆等组成，成分献血是借助血细胞分离机采集人体内某一血细胞成分（如血小板），同时将其他血液成分回输给捐献者体内的过程。献一次成分血可捐 2 个治疗量的血小板，一个治疗量的血小板可以救助一名患者，朱爱民至今已献血 56 次，足以帮助 100 余名患者脱离生命危险。”

8 年来，朱爱民不仅自己坚持无偿献血，他还占用自己大量时间宣传无偿献血。针对许多人献血恐惧症和不信任的心理，他经常把在血站了解到的献血知识讲给家人和同事，并用自己的经历告诉

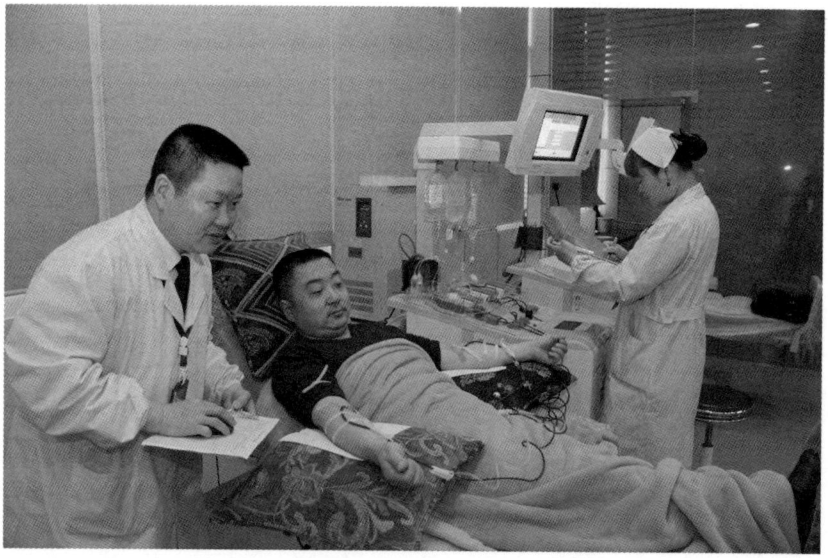

大家合理献血有益健康，家人从开始担心反对到后来理解支持，周围的很多朋友和同事加入到了无偿献血的行列中，公司近年来参加无偿献血人数也逐年增加。

献血更多的是社会责任

在后来的献血中，他许多次都不要献血证。用他的话说，献血不是为了自己和家属日后用血受益，更多的是一种社会责任。有人说他“傻”，问他到底图的是什么？“每当想到自己的血液能使危重病人延续生命，能让更多的患者早日摆脱疾病的折磨恢复健康，就觉得自己很快乐、很幸福，无论遇到什么困难，我都会将无偿献血进行到底。”朱爱民说。

“只要一个电话，他都会第一时间赶来献血。朱大哥每次过来献血，就像回家一样的感觉。另外，他很低调，从不对外宣传自己的献血总量和荣誉，这一点令我非常感动。”孝感市中心血站机采科工作人员张红云激动地说。

朱爱民连续两次获得国家卫生部授予的全国无偿献血奉献奖金奖。面对荣誉，朱爱民却十分淡定，他朴实的话语解释了一切：“我是个普通人，对社会没有惊天动地的贡献，献血是力所能及的事。只要身体允许，我希望能坚持到献血截止年龄60岁。”

发表媒体：《中国航天报》
发表时间：2013年3月5日

郭秀梅：幸福女工

张玉莲

高尔基曾经说过："'给'比'拿'幸福。"四院险峰公司机加车间车工郭秀梅就是这样一位幸福女工。12年来，她省吃俭用，坚持用微薄的工资资助贫困儿童。即使遭遇变故，家里困难重重，她也从不停下来。

"达则兼济天下"，她未达，也兼济着他人。

合格率99%的"工作狂"

作为一名小型车床的操作工，郭秀梅的岗位毫无"卓越性"可言。但参加工作20年来，她没出过一次质量问题、没出过一起安全事故，并曾因及时发现上道工序转过来的零件有裂纹而获得工厂的质量预防奖励。

郭秀梅一直操作的是 CM6125 的小型车床，承担的是 ϕ25 cm 以下零件的加工。随着工厂技改力度的不断加大，她的同事中陆续有人被抽调去从事大型车床、数控车床的操作，从事小型车床操作的人越来越少，2002—2008 年时尚有 5 人，后来干脆就只剩下她一个。这样一来，不管什么时候，公司一有 ϕ25 cm 以下小零件要加工，她就得进车间。有时候，需加工的小零件量非常大，她就得长时间地进行加班。她没有怨言，也不做声张。最多的时候，她一天加工了 800 多个零件。这些工作都是要站着完成的。

从 2009 年起，她没有休过一次带薪休假，也没有请过一次假。相反，除了每个礼拜天休息半天到一天以外，她天天都要进车间加班。年终工时核算，她的工时高达 3000 多小时，且产品一次交检合格率始终保持在 99%以上，让大家啧啧称奇。

作为一位单身母亲，她独自拉扯着上中学的女儿，工作岗位又是公司的"独生子"，我们觉得她的生活一定异常忙碌，但她自己觉得还好。每天，女儿上学她就上班，她的作息时间与女儿基本同步；初中时，女儿每天上 2 个小时的晚自习，每周休息一天，她也就每天加班 2 个小时，每周休息一天；现在，女儿上高中了，每天要上 3 个小时的晚自习，每周休息半天，她的作息时间也就做了同步调整。她常说："反正孩子上学后，我也没什么事，在哪儿待着都一样，进来加班还有点成就感，挺好!"有时，活儿少一点，她就琢磨着怎么把活儿干得更完美一些，就是在不停的琢磨与思考中，她为了更好地完成零件加工而动手制作的一套工装，还得到了公司的奖励。

心怀恻隐的资助人

郭秀梅没什么爱好，不打牌、不爱逛街、不上美容院，生活非常节俭，但在资助困难儿童时，她却从不吝啬。

2002 年，那时险峰公司还在花林镇石头店，厂区周围是连绵起伏的高山。郭秀梅听经常登山的职工反映，高山上有些农民的生活非常困窘，好多女孩小小年纪就辍学了。看看身边尚在撒娇的女儿，郭秀梅不能想象这么小的孩子不上学还能干什么。她越想心抽得越紧，我能不能为她们做点什么呢？她找到厂团委，要求帮忙联系一名贫困学生，她愿意独立资助她求学。就这样，她与花林镇宝华小学四年级一名叫周曼丽的学生从此牵手。当时，她一个月的工资才1000多元，还要负担在孝感上小学的女儿的各种费用，但她硬是省吃俭用，每年按时给周曼丽寄去500元现金、大量文具和衣物。这一寄就是8年，期间无论是工厂搬迁至孝感，两人远隔千山万水，还是家里买房、装修，资金紧张，她都不曾间断资助。自此以后，她就再也没有只供养一个孩子的经历，身边除了女儿，至少还有1～2个资助对象。

2007年，郭秀梅上网时发现有个槐荫论坛志愿者协会，感觉一下子找到了“组织”。她迅速在上面发了个帖子，表达了自己迫切希望加入的愿望。不到几天，志愿者协会与她进行了联系。从此，她利用节假日经常参与志愿者协会的活动。不仅如此，她自身也经常寻找一些资助的对象，然后悄悄地给予力所能及的帮助。2008年

5月的一天，郭秀梅在论坛里看到年仅4岁的小姑娘慧慧——患有先天性腭裂的一个弃婴，被孝南区一对环卫工人收养的消息后，马上与同事一道去看望了慧慧，并由此一连4年给慧慧提供资助。

2009年，因家庭变故，她家不仅积蓄消耗殆尽，还背上了外债，她要独自抚养开销越来越大的上中学的女儿；尤其是近几年，她肩上的担子也越来越沉重了，房贷要还，70多岁的双亲多种疾病缠身要照顾，因癫痫病在家休了10年的姐姐要帮助……无论是精力上还是经济上，她的生活可谓困难重重，但这依然没有妨碍她用有限的资金去资助他人。她的父亲也很支持她，拿出自己一生的积蓄让女儿去还房贷，让她把资助活动坚持下去，连10多岁的女儿也常对她说："妈，我已经大了，你赶紧找一个贫困孩子去资助吧。"有了亲人的理解与支持，她在爱心资助的道路上走得越来越远。

她总说，几千元钱对自己来说，只是手头紧一紧的问题，而对于一名贫困学子来说，却可能改变命运。孰轻孰重，她掂量得很清楚。这几年，大悟、孝昌、孝南等贫困学校都留下了她的足迹。为了教育孩子，每次参加活动她都要带上女儿。在她的影响下，同事张颖颜母女也加入了志愿者协会。

发表媒体：《中国航天报》
发表时间：2013年3月5日

赵秀芳：默默奉献三十载，满腔热忱为航天

高　飞　祝　捷

她是我们中的一员，是许多扎根岗位、埋头奉献的职工中的一员。她是全国技术能手，是在平凡岗位上作出不凡贡献的航天人，她就是201所环境与可靠性研究室气候组组长赵秀芳。

心怀为航天事业奋斗的理想，赵秀芳在岗位上兢兢业业工作30多年，用自己火一样的工作热情带领着全组职工，为科研生产保驾护航。

爱岗敬业

作为一名航天人，不能缺少“特别能吃苦，特别能战斗，特别能攻关，特别能奉献”的精神，赵秀芳就是这种精神的杰出代表之一。工作中她兢兢业业，经常因为工作太投入连饭都忘了吃，她以

身作则，每次遇到困难时总是冲在最前面，出谋划策，想办法；她身先士卒，不论严寒酷暑，只要工作需要，随时会爬到六层楼房顶的冷却水塔上检查风机运行情况，还会带头进入三四米深的地下水池中清理淤泥，快50岁的人了，那劲头一点都不输给年轻小伙子；她加班加点，在深夜和周末，经常能看到她在办公室辛勤工作的身影；她责任心强，当天能完成的事情从来不拖到第二天；她随叫随到，经常都已经回到家了，因为值班人员的一个电话便立即赶回单位解决问题……大家看着她那瘦弱的背影，都担心她吃不消，但她总是微笑着告诉每一个关心她的人："我为自己从事的工作感到光荣和自豪，因此我要全身心地投入，这样我就会觉得充实而快乐，一点儿也不累!"

爱岗敬业是她的真实写照，她热爱自己的工作，更热爱航天事业。

刻苦钻研

赵秀芳一直从事气候环境试验工作，为了提高业务能力，学习贯穿在她三十多年的工作中。面对不断发展的气候环境试验技术，她从来不曾停止过探索与钻研，通过努力，由一位普通的试验人员成长为一名具有丰富实践经验和扎实基础知识的气候环境主管试验师。她以娴熟的业务技能和较高的处理问题的能力被评为高级技师，并于2012年被授予"全国技术能手"称号。为了确保试验质量，她对国家标准的学习更是深入细致，对标准里的每一句话都会反复推敲、不断琢磨，必要时通过实践来验证自己的想法。她不仅自己努力学习，并且带动全组职工一起学习。她经常会请技术组的专业技术人员给气候组的职工讲课，还组织组内职工开展每个人当老师给大家讲一课的活动。赵秀芳经常将自己的学习心得和工作经验毫无保留地传授给年轻人，并组织大家针对某个试验方法或者试验过程出现的问题进行讨论，培养大家独立处理问题的能力，帮助年轻人快速成长。她刻苦钻研的求知态度和积极进取的学习精神让许多年轻人都由衷敬佩。

勇于管理

气候组在用设备 40 多台套，工作现场分布在永定路地区和 304 场，两地四区，各区域根据试验特点有各自的管理要求。气候组内工作形式也有不同，有“三班倒”的，也有“常白班”的，各有各的工作内容和侧重方向。组里有 20 多人，有经验丰富的老师傅，也有新潮开放的 90 后，年龄跨度近 40 岁，各有各的想法与习惯，要想管理好这样一个处于生产一线的班组，难度很大。赵秀芳担任组长后，理顺流程、大胆管理，不管是通知、会议、发东西还是教育培训，不管是实验室认可、质量、安全、6S 还是保密，所有工作都有组织、有计划，做到按部就班、井井有条。她心直口快、不吝表扬，也敢于批评，鼓励组员提出不同意见，同时能够虚心接受大家提出的建议与意见。气候组凝聚成一个有力的集体，完成了多项型号攻坚任务，荣获了院、所的多项集体荣誉。

这就是 201 所许许多多平凡而又优秀的职工代表之一——“全

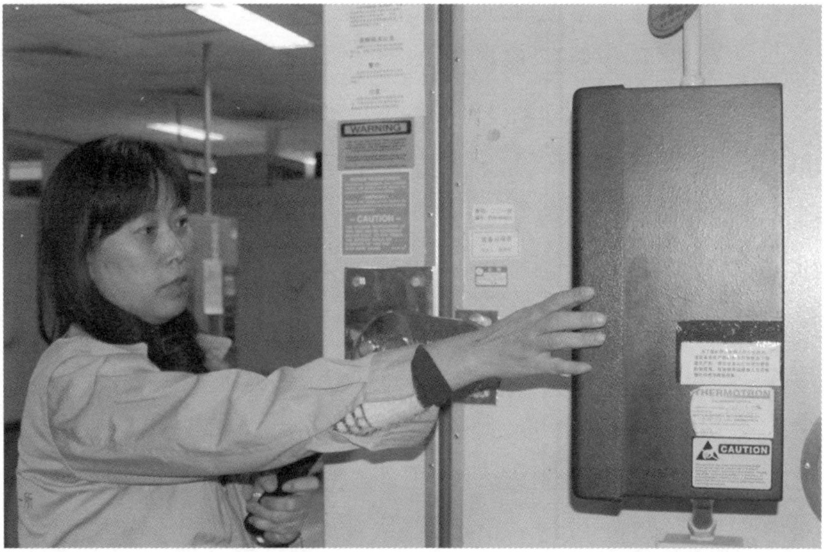

国技术能手”赵秀芳，她时刻牢记自己是一名航天人，时刻牢记自己是一名共产党员，不但自己事事起到先锋表率作用，还带领班组创先争优。她用行动时时刻刻感染着身边的每一个人，她是我们身边的榜样！

发表媒体：《中国航天报》

发表时间：2013 年 3 月 28 日

三强女杰——栗洁

宁东军

栗洁，航天科工集团“女职工标兵”、劳动模范，四院险峰公司九车间调试技术员、制导组组长。她的经历很简单，1993年进公司，一直在生产一线从事调试工作，但是就是这样一份平凡的工作，多才多艺的她却做得风生水起、荣誉连连。

强人

她从事产品调试十多年，精通高、中、低频电路，先后参与了多项工程研制生产任务，为型号研制立下了汗马功劳。在同事眼中她是不折不扣的女强人，她干起活来不要命，长时间加班加点，从来不言苦不叫累。在某工程项目边定型、边研制、边批产的非常时刻，她牺牲大量的休息时间，夜以继日地工作在岗位。由于多项产品在制，微波暗室资源异常紧张，暗室24小时运作，她也24小时连轴转，白天与总体所设计师一起进行某研制项目的测试，晚上又和公司设计师们挑灯夜战于另一项目。为了尽快熟悉产品原理，这种与设计师们学习和交流的机会，

她一个也不肯放弃，正是因为有了这种肯钻研、肯吃苦的精神，她很快进入角色，解决了一个个难题，为型号定型扫清了障碍。这些在吃苦和学习中总结的经验也成为她日后调试工作中的一笔宝贵财富。同事们在调试工作中出现问题都愿意与她交流，听取她的解决方案，她也总是能帮大家一一解决。正因如此，在她离开调试岗位多年后，周围的同事还对她赞不绝口。

解决问题能力强。在工作中她肯用心、善总结，她撰写了某系统测试操作流程，制作了调试探测工装，完善并固化了某工程的测试方法，解决了调试过程中的一系列技术难题。同时，她也一直致力于调试方法的创新与优化，她总结的各种微波产品调试方法都获得了公司工艺优化与细化奖。

2011 年 4 月的一个上午，还在沉浸问题思考中的她一不小心从电装四楼十几级楼梯上滑了下去，扭伤的关节肿得老高，痛得她脸色苍白。当时吓坏了车间领导，车间领导和调度一起把她送到医院，等待拍片的时候她脸色刚恢复正常，就催促车间领导和调度赶快回家，刚强地说："我没事了。"经检查，万幸只是关节扭伤，没有骨折。她刚休息了几天，就一瘸一拐地来到车间，投入到工作中。

强医

排故对电子产品来说是家常便饭，印制板上焊接着成千上万个器件。任何一个器件、焊点有问题都会使产品性能不稳定，经过无数次的失效试验后，任何一个器件、焊点都有可能出现故障，称之为排故。从排故能力可以看出一个人的水平。发现问题并不难，难的是故障定位。在产品排故方面，她是响当当的高手，由于她对产品机理清楚，疑难杂症她一出手就能够"药到病除"。某组合产品系统复杂，涉及高、中、低频，由十多块单板组成，几十个通道，器件上万个，任何一个环节有问题都会对单板及整机调试产生影响。她负责的又是最难调试的射频部分，焊点的大小、产品上的毛刺及腔体的加工质量都会影响产品的参数。经过多年的摸索，她对产品的“脾气”已经非常熟悉，对产品调试过程中出现的问题，根据故障现象就可以对故障进行定位。产品一有售后服务任务，车间首先都会想着让她出马。2011 年 4 月，产品在用户单位出现故障，排故的信息纷至沓来。为了公司的信誉，接到任务后，她连夜赶到北京，到测试现场进行故障分析，为了能快速定位故障，她从清晨一到北京就进入装备车里，中午的盒饭是在车门外的地上坐着吃的。在售后测试现场仪器仪表不是很齐全的情况下，她凭着多年的调试经验准确地定位了故障，直到晚上她从低矮狭窄的车舱里钻出来，才发现长时间猫着腰在车舱里排故致使自己腰酸背痛，但她却全然不顾，问题解决后，又马不停蹄地赶到另一个地方处理质量问题。

强师

在徒弟们的眼中，师傅很强悍，许多疑难问题她都能够迎刃而

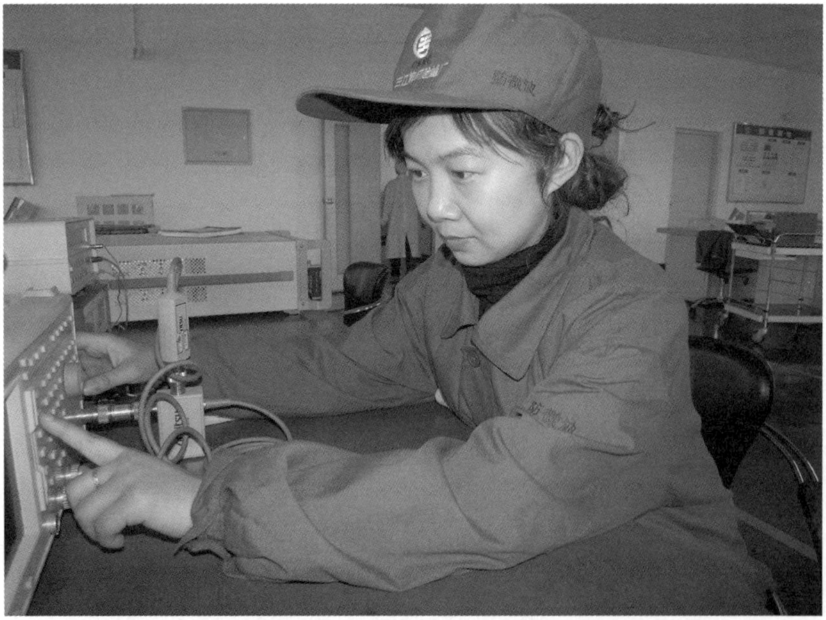

解。在调试间，经常可以看到她带着徒弟琚俊延和董雪辉调试单板。她时而挥动表笔测试电路，时而用酒精棉球擦拭可疑焊点，时而又用仪表测试参数，动作一气呵成。她一边调试产品，一边还要指导徒弟。虽然许多组件、部件的调试对于刚进公司的徒弟们而言有些难度，但她无私地将自己的经验及技巧传授给徒弟，并告诉徒弟作为一名合格的调试工，不仅要熟悉产品原理，也要非常熟练地运用各类仪表。仪表是检测故障的主要工具，所以在教会徒弟调试产品的过程中，她也教会徒弟各类仪表的正确使用，同时她也言传身教，以自己的行动告诉徒弟们只有多动脑、多动手、多动笔、多用心才能快速进步和成长。在公司组织的“导师带徒”活动中，她毫无保留地将自己多年积累的宝贵调试经验在车间推广，在公司的评比活动中，她与徒弟被评为“优秀师徒”。

发表媒体：《中国航天报》
发表时间：2013 年 3 月 28 日

用心扮演三种角色

陈剑芳

张小燕，现任三〇二所第三研究室主任，是所内唯一的女副总设计师。她平时为人和善、谦虚谨慎，大家都亲切地叫她“张姐”。

用技术精湛来形容张小燕一点也不为过。1989 年参加工作的她，在经历了多个型号的研制、多项技术的攻关后，积累了丰富的工程实践经验。张小燕组织完成了多个项目的设计和验收工作，并成功攻克了研制过程中的多个技术难关，突破十几个“瓶颈”，为试验的圆满成功作出重要贡献。凭借精湛的技术、丰富的经验，在部队训练保障中，她能够及时正确解答、处理部队提出的各种问题及需求，由她提出的方案意见，顾客满意度达 100%。由于业绩突

出，曾荣获基地某型号研制二等功和某试验任务二等功。

张小燕不仅在型号研制中勤学肯钻，在预研项目的申报和答辩中也很有“一套”。据室里年轻人介绍，“从张主任手里出来的报告，主题思想明确，总体思路清晰，而且每次答辩前的准备工作，包括 PPT 制作，她都做得很充分，因此也多次获得各方好评。

在“张姐”手下干活的人都知道，她性格比较直爽，管理比较人性化，从不计较个人名利得失。

在工作方面，张小燕要求比较严格。对于下属工作中不到位的地方，她一点也不含糊，该批评就批评。一次，一名年轻同志的设计报告没有按预期要求递交，便遭到她的严厉批评：“科研工作不容‘讨价还价’，上面下达的任务，我们必须保质保量完成。”然而，对待室里怀孕和生病的同志，“张姐”则格外的温情，尽量不安排急、重、难的活儿，不仅如此，她还从方方面面给予无微不至的关怀，俨然一副“大姐姐”的形象。

听她的得力助手张淑琴讲：“‘张姐’什么都‘爱争’，为年轻人争奖金、争先进、争外出学习的机会，就是不怎么为自己考虑，在多次的女职工‘评先选优’活动中，大家公开推选的是她，她却

把指标都让给了室里的年轻同志。”

工作20年来，张小燕的工作干劲有增无减，几乎把所有的精力和心思都投入到了科研工作中。

2004年是三〇二所承担的某型号研制的关键一年，因工作需要，张小燕和爱人杨军同时被派出差，只能把9岁的女儿留给年迈的父母照看。回想起往事，张小燕一丝酸楚涌上心头。“虽然也想与老人、孩子吃团圆饭，可是任务在身、责任在身。”为了心中的那份责任，张小燕连续在外地度过了三个春节。如今，工作任务更重，“不着家”的时间更多，有时为了解决一个技术问题通宵达旦是常事；有时与承制厂进行协调，出差半个月是家常便饭，而对于女儿的教育和指导，很多时候都是通过电话来实现……

当前，除了承担在研任务，张小燕同时还主抓多个预研项目，并担任四个课题组组长，而在这些项目中，除了少数几个是本专业的，更多的都是“总体项目”，要求知识面广，思路开阔，具备系统和创新思维。面对新的挑战，张小燕科学统筹，主次分明，从整体框架搭建到任务层层分解，从急、难性任务到一般性任务，每一步都做细心策划，在她的带领下，各项工作开展有条不紊、高效推进。

发表媒体：《中国航天报》

发表时间：2013年3月28日

温婉恬静：她和她的 4130.038

童　旭

在今年 254 厂三八妇女节表彰会上，工厂领导突然打断了获奖代表的发言，向机械加工车间主任发问道："她怎么这么多工时?"面对这种"囧"境，车间主任表面的支支吾吾还是掩藏不住内心的自豪和骄傲，"那个，我们以后一定多关心女职工!"轻松和谐的表彰会上，大家都被车间主任的这个回答逗得哈哈大笑。

正在发言的这个人名叫任玉华，254 厂仅有的两名一线女职工之一。2012 年全年的总工时数为 4130.038。这个数字已经超过了很多膀大腰圆的糙老爷们儿——巾帼不让须眉，看上去温婉恬静的任玉华，不声不响地将这六个字砸得掷地有声。

表现出色的任玉华自然而然地被工厂推荐为哈尔滨市女职工"争四好"（岗位好职工、家庭好角色、社会好公民、和谐好家庭）

的候选人。市总工会在看过推荐材料并初步了解情况后，当场拍板："这样的好职工，标兵，必须的！"就这样，任玉华成为了哈尔滨市2012年度女职工"争四好"标兵。荣誉面前，她显出了一向的低调。在提及这些时，她似乎总是轻描淡写，至多不过是报以一个礼节性的微笑——也就是温婉恬静。轰鸣嘈杂的车间里，她的一举一动总是和大环境不怎么搭。但存在即是真理，更何况她的工作已经远远超出了"陪衬"的范畴？和荣誉相比，她似乎更习惯于操作那台小巧的万能铣床。

说起这台跟了她20年的万能铣床，任玉华好像一下子甩开了温婉恬静。"这台机床，和我一样，都是1969年生的"，正在加工一个5厘米左右"小件"的她，鼻尖上冒出了些许汗珠，铣床飞溅出的刨花不时打在她的工作服上，"我进厂的时候就用这台床子，20年了，从来没换过。"任玉华从没换过床子，而这台万能铣床也似乎和它的主人形成了一种交融式的默契：旋转、调试、开动，一气呵成。和身边男同志用的"普铣""普车"不同，任玉华和她的这台"万能铣"总是显得那么安静，没有太大的声音，也没有太大的零件，刀具所及之处，都是些细碎的铁屑，而加工后的零件就像工艺

品一样，整齐摆放，金黄的金黄，发亮的发亮。

细致，这是任玉华经常提起的一个词。“万能铣”专门针对那些精细小巧的零件，稍有疏忽，就容易出废品。“这个活吧，其实挺适合女职工干的，要的就是耐心细致，慢工出细活”，她指着身边的“普车”说，“他们男同志干的‘普车’需要太多力气，我们实在干不动”，她又笑着说，“其实我这个活，他们也不一定能比我强。”看来，温婉恬静之人也常怀一颗暗暗较劲的心啊！

4130.038小时是个什么概念呢？这就意味着如果全年没有休息，每天也要工作11.315个小时——几乎全年一半的时间，任玉华都是和这台与她同龄的“万能铣”共同度过的。笔者刚刚算完这道难解的除法题，车间计划员就又送过来二十几个“急活”——全是直径不到1厘米的螺丝状零件，最小的不到5毫米。正在仔细琢磨该如何有效加工的任玉华立即关上话匣子——温婉恬静的一面又出现了。

笔者不好意思再以“简单聊聊”的名义打扰她，就拿起相机给任玉华和她那台用了20年、至今仍在“服役”的“万能铣”拍了张合影，以及那看不见的4130.038个小时……

发表媒体：《中国航天报》
发表时间：2013年3月28日

38 年不求名　78 岁不止歇

张艾骢

精神矍铄，声音洪亮，大跨步地上五楼毫不喘气。你很难相信，这是一位 78 岁高龄的老人，他回忆起 38 年航天生涯毫不费力，准确的人物、时间、地点都脱口而出。他就是四院 17 所德高望重的老专家李连仲，也是依然坚守在一线毫不懈怠的“无名英雄”——李老头儿。

“人人桌上都有一本红宝书”

“一进所就学李老师的理论”，17 所年轻的型号设计师康鹏一提到李连仲老师，话匣子打开了就停不下来，“我们所人人桌上都有一本李老师的理论书，也是大红皮。和那些考雅思的学生一样，李

老师的书就是我们的‘红宝书’。他的理论指导了17所二三十年，直到今天还在沿用。”

1975年正式调入四院17所，李连仲告别了自己在哈军工的教师生涯，在一线的理论研究不经意间就走过了38年。获国防科学技术进步奖特等奖一项，国家科学技术进步奖二等奖两项（排名第一），国防技术发明奖二等奖一项（排名第一），发明专利十余项，出版专著两部，发表论文近二十篇。他成为我国杰出代表人物，他的研究奠定了该领域的理论基础，成果亦被广泛应用。

“一辈子就是喜欢做技术”，李连仲并不觉得经年累日的预先研究枯燥无味，在他看来，这是自己的志趣所向、人生所求。他清晰记得每一项理论突破、每一次计算方法，谈到兴起时，不由得拿起纸和笔，画下简易的演示图，解释理论设想和原理。

最让他兴奋的总是这样的时刻，“以前的计算方法，用当时最高水平的计算机也需要3个小时以上，而我们提出的新方法只需要3秒，后来这种新方法就被采用。”说到这里，他两眼放光，腰杆挺得直直的，声音里带着难以掩饰的自豪。

“做一辈子无名英雄”

预先研究，在航天领域并非是能够名噪一时的工作。周期长、难度大、有风险，为预先研究设置了重重障碍。“功成身退”，是年轻人对从事预先研究的李连仲最多的评价。

回顾他的预研历程，每一项新方法的研发大多都需要2～3年才能完成，而从理论的提出到采用和推广，往往需要经历十年乃至更长的时间。更加常见的情况是，经过数年研究得出的成果，需要各种审慎的评估和考量，短期内难以得到定论。此外，预研的成果都不能对外公开发表，这也对报奖、待遇等产生了影响。谈到这一点，李连仲引用了自己在哈军工任教时校长陈赓的讲话，“做一辈子无名英雄。”这样的信念支持着他直至今日。

在航天领域，他很感激组织对自己的照顾和关怀。航天部第一批高工、第一批研究员，1990 年被评为航天部第一批“有突出贡献中青年专家”、1996 年荣获“中国航天五十年杰出贡献奖”，这些荣誉无一不是对他成就的肯定。

把年轻人推到前面去

所里的年轻人聊起李老师，都直竖大拇指，“和蔼、开朗，让人如沐春风，对年轻人特别关照。”

为年轻人大声疾呼的李连仲认为，科技强院，“强”应该首先“强”在人。为年轻人争取更好的待遇和机会，为科研提供良好的环境，免除年轻人的后顾之忧，被他当作分内之事。所里来的新人宿舍安排出了问题，他会亲自去帮忙跑各种手续，直到把问题解决。

1991 年在研制一种新的技术时，攻关研究成功后申报奖项。虽然攻关组是李连仲立项，但是报奖时，他让自己的学生排在了第一名。

他的团队里，走出了一位重点型号总师、三位型号副总师、两位预研项目总师。在他指导过的年轻人中，近十人成长为主任设计师和各重点型号研制的骨干。

年轻人眼里的李老头，一点架子也没有。科研上遇到的问题都可以找他讨论，思路开阔、毫不保守的他，总是可以给年轻工作者们实用的建议。康鹏说到这里，不假思索地复述着办公室的场景："有时候和李老师讨论问题，他就会说'行行行，我来给你们推一下'，然后他就拿张纸给大家做起了推算。"

早晨四五点起床，晨跑或者游泳，七点准时到达办公室开始工作。年轻人眼里的李老师，一丝不苟地坚持着这样的作息。78 岁高龄的他，多年来依然坚持游泳锻炼，在所里的游泳竞赛上，表现比年轻人丝毫不差。

"李老师是我们的标杆。"康鹏说到这里，斩钉截铁的语气里没有一丝犹豫。

发表媒体：《中国航天报》
发表时间：2013 年 4 月 9 日

雷志强：文武全才的一线骁将

李吉光

浓眉圆眼，嗓门亮，端的是一副阳刚雄纠武将的模样；能打硬仗、敢接苦活、舞文弄墨、科研攻坚样样都强，这就是46所607室端包组组长雷志强。

自2005年任组长以来，雷志强始终将操作安全、产品质量和生产进度作为班组管理的重点，带领全组人员兢兢业业、吃苦耐劳，辛勤地奋战在科研生产第一线。

带头的组长不先上，谁上！

固体火箭推进剂研究具有很高的危险性，挑战伴随着机遇，时刻考验着每一个航天人的心理素质及技术能力。雷志强的端包组这几年来没有发生过任何安全事故，各项科研生产任务年年都能保质

保量按节点完成，而这源自雷志强身上一股子敢于担当的拼劲儿。

2008年，46所试制型号发动机由于体型较大，车床整形无法实施，主管部门研究决定，该发动机整形必须人工整形。但人工整形危险性可不小，究竟该由谁来解决这项难题？做完手术不久的雷志强当仁不让地扛起了这个艰巨任务。他说："把危险留给组员，那不是一个好组长，咱这带头的组长不先上，谁上！"就这样，他配合安全处参与制定了整形方案，亲手自制了专门的整形工具，带着拼劲儿上了"整形手术台"。经过了一整天紧张而有序的操作，该发动机整形圆满成功。当他走出整形场地，所有参与整形的人员才松了一口气，他自己却满不在乎地笑了。

这组长，不止两把"刷子"

啥是能人？就是有想法更有办法，有点子还有胆子的人。雷志强就是这样一个能人，不但经验丰富，而且敢于实践、勇于创新，熟悉他的人都说："老雷这人，点子多，脑袋活，可不止两把'刷子'。"

有一段时间，46所几种批产型号发动机面临交叉生产的形势，

端包任务非常繁重。在“安全第一，预防为主”的安全思想指导下，作为组长的雷志强敏锐地发现原来的端包架在稳固发动机方面存在安全隐患。经过熬夜攻关工作后，雷志强与其他同事设计加工出了新的端包架，改变了过去用绳索捆绑来稳固发动机的方法，排除了发动机端包时的安全隐患。

还有一次，针对某批产型号发动机二次限燃既费时又费力，严重影响生产进度的问题，雷志强大胆创新，向有关技术人员建议，将限燃料浆在一定时间内加速固化，使限燃一次完成。经过反复试验，效果非常好，且完全符合工艺要求。

在科研生产上披荆斩棘的雷志强，其文笔极佳。连续几年被评为院内刊优秀通讯员，他写的文章质朴而生动，颇受职工欢迎。

“既然选择了航天事业，就要努力为之奋斗，作出自己应有的贡献。”雷志强表示。

发表媒体：《中国航天报》
发表时间：2013 年 4 月 11 日

电装台上的精彩航天人生

田　楠

他十几年如一日，立足岗位，扎根航天测控事业，用一根小小的烙铁装解出了精彩灿烂的航天人生。

他个子不高，却练就了好技术，无论是板卡电装还是线缆总装，都可以独当一面。

他待人热诚，被大伙们亲切地称为“董师傅”。

他就是“全国技术能手”荣誉称号获得者、中国航天科工一院航天测控公司生产部电装组组长董胜彬。

十一年如一日工作

2004 年，年轻的董胜彬成为了航天测控公司的一名普通电装工。当时，公司只有他一个人做电装工作。面对全新的工作环境，他暗暗下定决心：努力钻研电装知识，积累电装操作经验。而他这一干就是 11 年。

11 年间，他兢兢业业、求知若渴、不畏艰苦，在长期的电装实践中，练就了精湛的技艺，成为了电装组的组长。劳动竞赛个人优胜杯、“青年岗位能手”“全国技术能手”等一系列荣誉见证了他精彩的成长历程。

一丝不苟，大胆创新

2011 年，董胜彬带领电装组参与了神舟九号与天宫一号首次载人交会对接任务。

在某项目的电装布线过程中，董胜彬发现，配电盒的结构设计和线缆工艺设计存在不合理、不规范的问题，无法实现整体配电需求。于是他主动向设计人员反馈，并提出了设计合理化要求。这个时候的董胜彬，一改往日总是笑容可掬、风趣幽默的状态，变得干练认真、一丝不苟。为了配合设计更改，他不厌其烦地反复试装。在试装过程中，不断寻找更好的解决方案。

那几个月，加班加点成为了家常便饭。经过几轮试装和更改的配电盒，不仅规避了之前出现的问题，同时还提高了系统的可装配性和美观性，董胜彬也获得了设计人员和同事们的高度认可，他也凭借在载人交会对接项目中的突出表现而获得了“全国技术能手”的殊荣，在平凡的岗位上创造出了精彩。

过去的精彩不容错过，未来的精彩还将继续。相信，董胜彬将会在今后的人生之路中收获更多的精彩。

发表媒体：《中国航天报》
发表时间：2013 年 4 月 18 日

杨宝奎：精彩的飞航人生

尚前名　张　辉

“杨总最喜欢和年轻人聊天。”在采访中国航天科工三院杨宝奎总师之前，他的同事就告诉《嘹望》新闻周刊记者。由于工作忙，单位里的许多活动他都没空参加，但要是单位请他去给年轻人讲课，他从不推辞。

很快，记者就体验到了杨宝奎的热情。刚一见面，他就主动打开了话匣子，侃侃而谈。在近2个小时的时间里，记者很少主动提问，有时似乎忘了自已是在采访，更多的角色倒像是一位聆听者。

自从1968年于北京航空学院有翼导弹设计专业毕业后，杨宝奎就将自己的一生都奉献给了中国的飞航事业。在航天三院，他历任总体设计部二室副主任、主任，总体设计部副主任、副主任设计师、主任设计师、副总师、总师等职，直到现在的中国航天科工集团公司科技委副主任。

数十年来，他主持和参与了多个国防重点型号的研制。而在当年，他并不知道北航有一个保密的导弹专业，要不是一个偶然的机缘，也许今生都很难与中国的飞航事业结缘。

入行：与导弹结缘，与三院同行

六十七岁的杨宝奎身材魁梧、声音洪亮、精力旺盛、博闻强记。这样的形象很容易让人联想起西北广袤无垠的大漠与坚韧挺拔的胡杨，倒几乎忘记了他是在天津渤海之滨、蓟运河畔长大的。

“在我小时候，渤海真是个好地方，海水没有污染，在渔汛期，满大街都是卖鱼卖虾的。”回忆起童年，杨宝奎似乎感到格外幸福，“在那个连玉米面都吃不起的年代，我们却能经常吃到用高粱饼子夹雪虾做成的‘三明治’。”

1944 年，杨宝奎出生于天津宁河一个普通的“贫下中农”家庭。父母一直尽力支撑着他读书，目的就是希望他将来有出息。而他也没有辜负父母的期望，勤奋刻苦，加上天资聪颖，学习成绩一直优秀，在初中毕业时，被保送上了当地的省级重点中学。

弹指一挥间，到了高考报志愿的时候。

“现在人们常说，……高考考的是孩子，填志愿考的是父母，在我们那个年代，很多人的父母都是目不识丁的农民，因此报考哪个学校和专业是让我们学生大伤脑筋的一件事。”杨宝奎说。

说来也巧，填报志愿的前一天，在北京航空学院就读的一个校友回到了学校，说北航是个不错的大学，建议他报北航。听从师兄的话，杨宝奎第一志愿填了北航的飞机设计专业。杨宝奎被顺利录取，但在当时，北航的导弹专业还对外保密，在录取通知书上并未注明录取专业。等到了校，他才知道被分到了有翼导弹设计专业。

大学期间，一个偶然的机会让他参加了北航超音速靶机的研制，靶机的动力装置就是航天三院研制的。基于此，他对三院有了初步的认识。1968 年毕业后，他也顺理成章地来到了该院。

“很多似乎都是偶然，但在面临选择的时候，冥冥之中又好像有一只手总在指引着我。”谈到自己如何迈上飞航之路，杨宝奎这样说道。

工作：肩挑重担，勤以报国

1992 年，是杨宝奎飞航人生的重要节点。那一年，按照上级的安排，他转到了某型号的研制，并且随即担任了该型号的主任设计师、副总师，接着又兼管了该型号的行政工作。该型号的优点之一是应用了大量开拓性的新技术，这也意味着研制难度的提高，而国内又没有现成经验可借鉴。

为攻克难题，杨宝奎和他的试验队做了上千次试验，测试了上万个数据，有的时候一年内要在基地工作生活超过 300 天。

尽管如此，当研制进入了决战阶段，试验还是出现了问题，对整个型号研制进度的影响很大。作为总师、总指挥，杨宝奎感受到了巨大的压力。

为了找到问题的症结，他带着队员们在机场一站就是几个钟头。有一天傍晚下大雨，他披块雨布，骑着自行车赶去听汇报，到了办公室浑身上下没有一处干的。

最终，经过整整 100 天的努力，问题解决了，而杨宝奎的体重也减轻了十几斤。

“这样的事例还有很多，多年来，杨总总是在啃硬骨头，多是项目研制遇到挫折或启动遭遇困难的时候，他肩挑重担。”一位跟了杨宝奎七八年的老部下告诉记者。

天道酬勤。由于突出的成绩和杰出的贡献，杨宝奎和他的团队于2005年和2006年分别获得国防科学技术奖特等奖和国家科学技术进步奖一等奖。

当记者提到这一切，健谈的杨宝奎却只说了一句：“压力责任未敢忘啊，国家培养我这么多年，我做的这些，都是应该的。”

带队：“三严”奖惩，舐犊情怀

“更好”是“好”的敌人——这是杨宝奎经常挂在嘴边的一句话，不仅成为他自己追求的目标，同时也是他对试验队员的要求。

在他的试验队，有一条著名的“三严格”管理制度：严格控制技术状态，严格落实规章制度，严格奖惩考核。

每次试验前，他都要求上至总师下到技术主管写出自己的职责，并给出了考核办法，让大伙儿知道该干什么。他还在试验队首创了“灰色”考评办法。考评内容主要有岗位素质评价、综合素质评价和绩效评价，每部分又细致地分为若干子项，每半年用“面对面”和“背靠背”的方法由上级、下级及本人分别打分，以每个人的综合得分确定各自的岗位津贴，丈量自己职责履行的尺度，明确努力方向。

为了更好地对定型产品进行验收把关，他亲自编写了《双严文件》，对进场的产品，首先检查是不是按照《双严文件》验收过。此外，他从技术、质量和计划上入手，狠抓管理，同时还编制了《某型号系统工程管理文件汇编》，发送给各参研单位贯彻执行，取得了良好的效果。

“国家投了那么多钱，大家这么关心我们。不成功，怎么交代?”谈到他为何如此严格，杨宝奎说。

型号研制虽重要，但在杨宝奎看来，人才培养更重要。

“人才有了，就不愁后续发展的问题了，就有了后续储备力量。”杨宝奎告诉记者，在人才培养方面，他喜欢苦心琢磨。

一次，某重点型号的首次试验出现了问题。看过试验数据后，杨宝奎心里已经基本有底，虽然自己可以解决，但他还是找来了十多个分系统的技术负责人、副总师一个个地谈话：“你认为问题出在哪里？你认为应该如何解决?”等等，并带领他们一步一步地去验证。结果，本来不少人认为没有半个月是拿不下来的问题，在十天内就解决了。近几年，让杨宝奎由衷感到欣慰的是：在他的悉心带领下，已经有一大批优秀的年轻人迅速成长起来，在技术或者管理岗位承担重要工作，挑起了大梁。其中，仅主任设计师以上、行政副所长以上的领导就有 40 多位。

“他们的成长进步，是我最愿意看到的；他们的每一次成功，都让我欣慰。”说起这些，杨宝奎的舐犊情怀溢于言表。

发表媒体：《瞭望》新闻周刊、中国新闻网

发表时间：2013 年 5 月 1 日

绽放在护理岗位上的“太阳花”

——记湖南航天医院儿科护士长何静婷

周　捷

从学生到“老师”，从事护理工作的十年里，她始终绽放着最美的笑容，任劳任怨，温暖着每一位患者、每一个同事的心灵，扫去他们心灵上的尘埃。

从一名普通的护士到一名护理骨干，再到科室护理队伍的领头人，她永不停止学习的脚步，为医院儿科的建设和发展默默奉献着自己的智慧和力量。

作为一位普通的母亲，她将自己的那份母爱，同等倾注在儿科每个小患者身上，用最美丽的笑容、最温暖的话语告诉他们“孩子，不哭，不怕……”

这朵有着最美笑容、最暖人心语的解语花，就是湖南航天医院

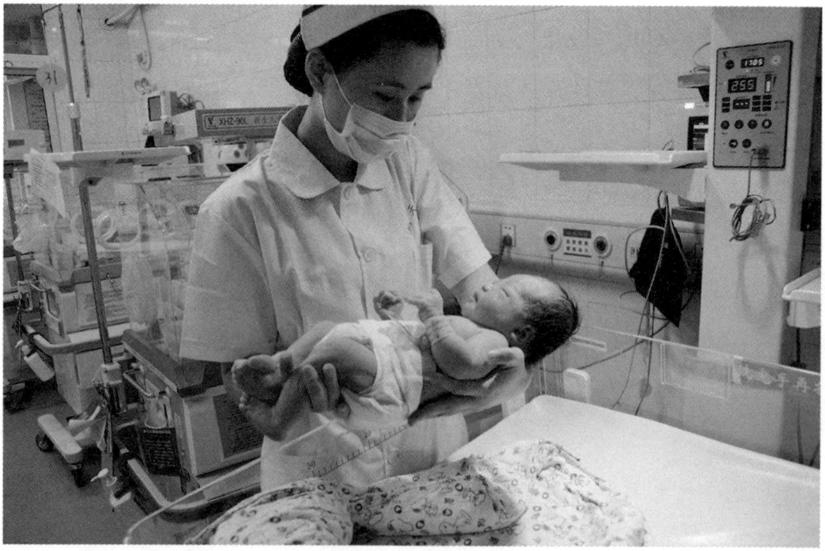

儿科护士长何静婷。

“看到那些小孩对我笑，我就满足了”

一个患先天性梅毒的孩子，刚生下就被父母遗弃在医院大门口。她脱下自己的衣服，轻轻裹住那个冻得发紫的小生命，带回新生儿室。看着暖箱里慢慢苏醒和红润的孩子，她才舒展开了眉头。

去年，一个脑瘫的孩子被遗弃在儿科的留观室，她拿来自己孩子的衣服、尿布还有奶粉，仔细地照顾着那个漠不相识的孩子，用自己的爱心、细心、贴心温暖着那颗弱小的心灵。

在她眼中，她早已把那些弃婴当成了自己的孩子，总是趁着工作间隙陪伴那些以后也许会忘记她的小孩，她总说：“看到那些小孩对我笑，我就满足了。”作为一名中国共产党预备党员，她在做好本职工作的同时，用强烈的社会责任感，用一颗慈母的爱心默默无私地温暖着世上的某一个角落。

“我的希望，是让更多的孩子得到更优质的治疗”

作为第一届高护班的学生，2002 年毕业于中南大学护理学院，她没有满足于现有的知识，秉着在岗位上学习、在岗位上成长的理念，她汲取着护理学这份润土上的精华。2004 年湖南航天医院将她从脑外科调到儿科支援。当时的儿科病区不大，只有 11 张留观床，无法收治住院患儿，加上留观患儿较多，医务人员工作量大、收入低，她没有抱怨、没有退缩，而是坚定地立足岗位，刻苦钻研专业知识，不断提升业务能力。

在科室的多年时间里，永不止步地学习和实践，让她进行多次技术创新，先固定后穿刺术，双扎压脉带穿刺术等方法，让她解决了科室很多疑难静脉穿刺问题。她曾说：“只有技术思想的碰撞，才能产生知识的火花。”她多次为其他科室提供技术支持，尽力减轻患者痛苦，也得到了家属的一致好评。随着科室病人的增多，病种的增加，新生儿患者的增多，她接到组织任务，赴省儿童医院进修，带着新的病房模式和科学管理方法回到医院，与主任和老护士长一起，带领全科医务人员筹建了新生儿病房，工作的有效开展和取得的效果让湖南航天医院在行业内得到好评。新儿科得到蜕变、成长与收获，她与同事一起分享这份喜悦和成果，自己也从一名普通护士蜕变成了科室的管理者——儿科护士长。

“‘关爱儿童，惠润未来’是我永远不变的工作信念”

多年院团委工作经历的历练，加上各类晚会、联谊会、户外活动的主持经历的洗礼，让她更加的开朗、乐观、活泼、向上，成为了团队的凝聚力量，也让她更加热衷于社会公益活动，传递爱心。她总会用她的巧慧为被病魔折磨的小朋友带去欢乐，让他们忘记因疾病带来的痛苦。

多年的工作经历，她凝聚成了自己的护理理念，用“德、慈、情、精”的专业精神来关爱儿童，惠润未来。她说，德涵盖了诚信、仁义等一切美好品行，体现了一个人的内在品格和价值观。在护理岗位，需要我们用精湛和优质的技术护理患者，用真心和真情

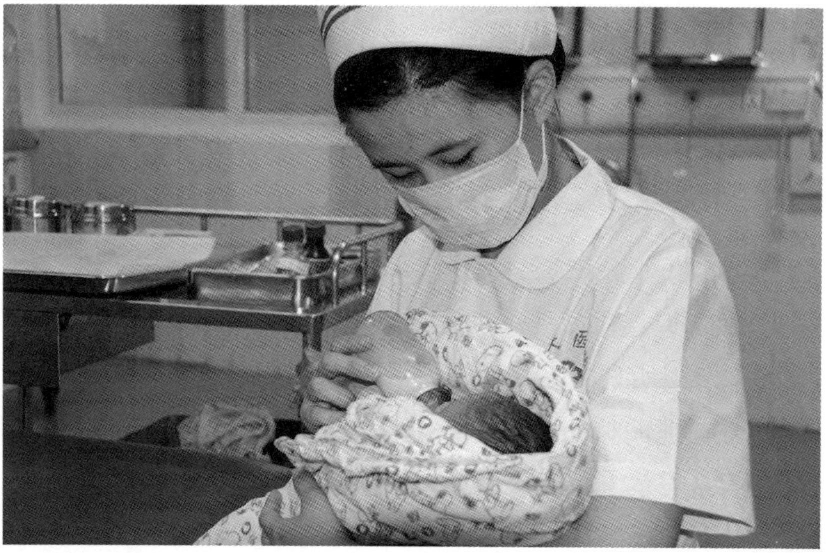

关爱患者，用爱心和善行服务患者，传递医务人员的关怀，温暖每一位患者和家属的心灵。

如果说十年可以磨一剑，那么她早已化作一柄利刃，为被病魔缠身的患者披荆斩棘。她用她的敬业、她的无私、她的爱心、她的奉献，在平凡的护理岗位上，浇灌出一朵朵光彩夺目的太阳花，用一颗如太阳般明朗、快乐的心感染着身边的人，告诉大家，乐观勇敢、自强不息、欣欣向荣。

发表媒体：《中国航天报》

发表时间：2013 年 5 月 2 日

情系航天，巾帼追逐报国梦

徐英淑

“非常荣幸在这里接受中华全国总工会为我颁发这枚沉甸甸的全国五一劳动奖章。这不仅仅是对我个人工作的肯定，更是对23所团队和集体的褒奖。”

这是在今年二院工会组织召开的全国级各类奖项颁奖会上，2012年全国五一劳动奖章获得者、二院23所某系统副总设计师李卓林朴实而坚定的获奖感言。

驰骋测量领域，护航“神舟”

1999年，李卓林被紧急调用参与“回收一号”的项目研制，此时，距离神舟飞船首次发射仅剩下不到8个月的时间。她的任务是

尽快完成显控软件的设计，确保整部雷达系统后续联调工作的顺利进行。

当时，李卓林到23所工作刚满两年，因过硬的理论功底和出色的工作业绩，她早已成为领导眼中的“好苗子”。尽管如此，由于是神舟飞船回收段测量任务的关键装备，她感到压力很大。

接到任务后，李卓林干脆将宿舍搬到试验外场，吃住在那，干活也在那。她凭着不服输的干劲和韧劲，仅用3个月的时间，就实现了显控软件的设计要求，并圆满完成了神舟一号飞船着陆测量任务。她负责设计的软件得到了用户的高度赞扬，并且其设计框架更成为了后续多部测量雷达软件的基础。

2009年，已成长为副总设计师的李卓林再次接到了“回收一号”改造升级的重任。此时距“回收一号”交付使用已经过去了10年。雷达改造的工作量不亚于研制一部新设备，而且已经很难找到当年参与设计调试并熟悉设备的专家了。

在单位领导的帮助和支持下，她向参加过当年设备研制的技术骨干们吹响“集结号”，临时组建“突击队”集智攻关，一边回顾当年的设计，一边摸索着10年后的技术对接、元器件更新等种种问题，仅用不到1年的时间就完成了雷达改造，保障了该雷达顺利参与我国首次空间交会对接任务。

2012年，李卓林又接到了保驾神舟九号飞船的任务。由于有3名航天员在神舟九号飞船上，本次回收任务比起神舟八号回收提出了更高的要求：将隐身区丢失时间尽可能地缩短，同时也要将截获距离再次拉远。

然而，就在执行任务前一个多星期，常年干旱的落区竟然连着下了很多天的大雨，导致设备信号不稳定。面对突如其来的问题，李卓林带领团队对雷达连着3天进行了一次地毯式检查，终于排除故障，为任务成功彻底扫清了障碍。

再战“神十”，航天报国

“今天被授予这枚奖章，不仅仅是对我工作的肯定，更是对我的一种鞭策，站在团队前面的我承载着祖国和人民对我和团队的期望。”注视着手里的证书，李卓林若有所思地说。

至今，李卓林参与和负责研制的测量雷达已有10余部，它们为国家的各项测控任务发挥着重要作用。

如今，作为副总设计师，李卓林肩上的担子又重了很多，好几部雷达研制项目都在等着她，而对于她来说，每一项任务都有新的挑战、新的高度。

天道酬勤，李卓林工作上的辛勤付出得到了丰厚的回报，她先后荣获了全国、集团公司和二院级别的多项荣誉。面对成绩和荣誉，她表现得很淡然，说的最多的话就是“航天人都很辛苦，感谢

大家对我工作的认可。”

经过20多年的辛勤耕耘，李卓林走过了航天巾帼绚丽的奋斗之路，已到不惑之年的她，对自己的人生有着更加明确的定位：“国家的需要就是我奋斗的方向。从事航天事业我无怨无悔，尤其想到自己能为国家重大项目任务和国防建设作出点贡献，我十分自豪。”

航天报国，巾帼义不容辞。今年，神舟十号与天宫一号交会对接的任务即将到来，李卓林又将踏上征程，带领着她的团队为确保任务圆满成功而再建新功。

发表媒体：《中国航天报》

发表时间：2013年5月2日

黄竑："个人发展和国家进步密切相关"

郑宇钧

瘦高的个子，金丝眼镜后的眼睛藏着笑意，中国航天科工二院25所副总设计师黄竑是个温和的人。他反复说自己人生经历非常简单，就像他那辆经久耐用的永久牌28寸旧自行车一样，从事航天工作29年的他，收获的评价常常是"老黄牛""劳模""让人放心"。

51岁的黄竑说自己很幸运，这一辈子都"赶上了点"：避开了上山下乡，赶上了刚恢复的本科和研究生教育，赶上了公派留学，赶上了耗时18年的某重大型号的冲刺阶段。这个国防科技重点实验室的学术带头人，嘱咐记者不要提他获得的"国家科学技术进步奖特等奖"等奖项，他说他只是把大系统的成果集大成。

记者："学生时代对您有什么影响？"

黄竑："我爸妈在铁路系统干了一辈子，我中小学都在铁路子弟学校读。我舅公是铁路电讯总工程师，受他影响，我选择干实际的工程，报了国防科技大学电子系。"

"后来我报考航天二院的硕士，就是因为离家近，没想到被二院分配到在西安的西北电讯工程学院读研。在西电，我找到了科研的感觉，在那里生活简单，不谈恋爱。"

记者："刚工作时，您有什么想法？"

黄竑："作为室里第一个研究生，我希望能有更多机会。和现在比，当时的机会太少。当时军费不高，所以军工科研经费也不多，这使得研制课题都是'文革'前的老一辈在做，年轻人只能做预先研究。随着型号增多，现在的年轻人一进所就能独立承担课题，这说明个人发展和国家进步密切相关。"

"由于经费不足，当时所里很重视开发民用产品。这让我挺困惑的，我不愿搞民品，我要搞民品就不会到航天系统来。"

"人还是得不轻言放弃专业。我也有搞民品的实力，但我觉得

自己的专业更适合搞军品，我更愿意做有技术含量的科研。当时年轻人思想活跃，都在想办法出国或去外企，一上班就看外语书。我不愿意脱离技术，所以在专业上坚持了下来。”

记者：“您曾去英国公派留学，两年的留学生活给您带来了什么?”

黄竑：“人还是得有股执着劲头。我第一年在威尔士大学有落差感，我身边的公派访问学者到英国后都发现，科研环境并不如所想的那样好，大部分人都会感到失落。威大的工程应用不强，器件方面又不适合我，这让我很尴尬。威大物理系的研究离应用有很大距离，但特别能‘造’论文。我认识的一个国内博士，在那天天写、常常发论文，但是选题都特别基础。我不愿这么写，我更偏向于应用，在系统工程中发挥作用。”

“头一年收获少，让我很不甘心，所以向国家教委申请延期一年回国，联系了密德萨斯大学的一份实验室工作，在那里颇有成绩。在英国待了两年后，我对将来有些不确定。我其实想留下来多做些研究，但签证已到期，我便回国了。我身边的留学生有一半人选择不回国，有些人甚至辗转第三国再回英国，像北漂一样漂在英国。”

记者：“您回国后发展如何?”

黄竑：“我很快被提拔为二室主任，正处级。做管理难，难在既要留住年轻人，又得把科研搞好。工作只能靠老同志干，因为年轻人不安心，常来常走。但这也不能光怪外面的诱惑，还是因为当时所里的型号少。我是技术型的人，不擅长管理，所里觉得不太适合，后来我主动转回技术线做设计师，还留在二室。”

记者：“由于航天的专业分工，存在一些职业瓶颈、专业间的不平衡。有专业室的年轻人会质疑：我凭什么只做一颗螺丝钉?”

黄竑：“我在专业室干过，有些专业设计师干了一辈子，很少有机会参加重大试验，评奖机会也少，这有些不公平。好在所里已进行了机制改革，情况已经大大改善了。说实话，我很羡慕年轻人当前的大好机遇，我相信，如果他们能把技术扎实做好，就能实现'快乐工作，幸福生活'。"

发表媒体：《中国青年报》

发表时间：2013 年 5 月 3 日

用激情与执着编织一张胜利的“天网”

刘　川

走进206所韩书永的办公室，他似乎没有注意到周围的动静，依然专注于手中的型号周计划表。一阵思量过后，他才意识到有人来了，连忙起身，面带微笑地接连说出几个“不好意思，久等了”，让人在不经意间，感受到了这位研究室副主任的热情。

在实践中坚定抉择

参加工作之初，由于各型号人力资源紧缺，韩书永被召入某型号课题组，从预研阶段起，就承担了该型号的流场仿真工作。本来满怀信心的韩书永工作后才发现，此项仿真工作原理极其复杂，而且工况较多，具有相当高的仿真难度。

面对困难，韩书永利用扎实的知识积累和工程经验，废寝忘食地反复尝试。对真理的不懈求索，终于换来了难能可贵的成功。当困扰许久的技术难题被逐一破解的时候，韩书永如同获得生日礼物的孩子一样开心。

与“天网”的不解之缘

在韩书永的履历簿里，集团公司“杰出青年岗位能手”、集团公司“青年岗位能手”、二院“青年岗位能手”三项国际专利技术发明人等殊荣赫然在列。这些荣誉的取得，归功于他在技术创新领域的优秀表现，得益于他在创先争优活动中的标杆示范，更离不开一个近年来频繁闪现的名词——“天网”。

“天网”低空慢速小目标拦截系统作为206所军民融合发展的标志性成果，是集团公司重大自主创新项目和二院军民融合发展重点项目。其中，开网设备则是“天网”的重要组成部分。如何研制一款特殊的开网设备，使其随拦截装置在空中高速运动的情况下，能够实现空中开网动作，从而发射出一个大捕捉网，成为

了核心问题。

面对研制进展缓慢的现状，韩书永在课题组中大力倡导“发散思维，激发潜能，广涉领域，头脑武装”的工作模式，加班加点地思考问题、查找资料，终于解决了一系列难题，历经多次空中试验，最终实现了开网设备高速空中开网。

如今的韩书永，在他深邃的目光中，流露出一种饱经磨砺洗礼的淡定；真切的言语间，透出了一股忠诚坚守事业的执着。这种淡定与执着，恰似航天人不断追逐强国梦、强军梦的内在魅力，指引着更多的后来者砥砺前行。

发表媒体：《中国航天报》

发表时间：2013 年 5 月 16 日

“太空之吻”的牵线“红娘”

——记航天科工二院25所青春团队

崔　丽　郑宇钧

北京市永定路52号，穿过闹市，一个僻静的所在。蒋清富还记得第一次来这里报到时，一扇不太大的铁门没有任何标记，让人很容易错过。这里就是中国航天科工二院所在地，25所就坐落在这个素朴的大院内。

10年过去了，蒋清富很感慨：一项项重大航天科技成果，从这里诞生；一代代航天科工人怀揣梦想，无怨无悔地奉献青春，度过激情燃烧的岁月。

中国航天科工二院25所是一个光荣的集体，先后被四部委授予“载人航天工程突出贡献集体”荣誉称号，创造了九项中国第一，

荣获多项国家科学技术进步奖。

25所中，青年员工占70%以上，“科技强军，航天报国”点燃了青年的光荣与梦想。作为国防科研单位的“国家队”，这个青春团队追逐着中国的航天梦，也在实现着自己的青春梦。

一块金字招牌

2011年11月3日，神舟八号成功与天宫一号进行了历史性的交会对接，牵引这一“太空之吻”的“红娘”，就是肩负着使命的25所青春团队。

25所是我国空间探测专业的骨干研究所，一批年轻人，在这里用智慧与汗水追逐着“航天梦”。

34岁的蒋清富是助神舟飞船发现天宫一号“天眼”的主任设计师。这个衣着朴素、头发略显零乱的小伙子，为25所“九项中国第一”殚精竭虑。很少有人知道，在型号攻关的那些年，他经历了怎样的磨难和考验。

2006年年底，一项前所未有的高难度任务摆在25所年轻人面前，这让心气颇高的技术能手蒋清富找到了兴奋点，主动申请加入科研团队。当时，作为预研课题，这个交会对接任务只有型号课题1/5的研制经费，可小蒋并不在乎，他只想着“这个全新平台有值得探索的大未来”。

硬仗接踵而至。这支团队要在两年内完成别人4年的研制历程，在看似不可能完成的任务面前，这个平均年龄只有30岁出头的团队，一次次创造了奇迹。2009年9月，离外场试验只剩1个半月，重压下，团队决定成立青年突击队，蒋清富临危受命，被推选为队长。

烈日下，将10公斤重的产品拉上20米的高塔，手掌起了水泡；雨雪中，在130多米的高塔上双脚冻得麻木；更令人烦躁的是，温度室24小时不停的噪音、微波暗室里漂浮的黑色粉末……这一切，蒋清富视若无睹。“当时一忙起来满脑子都是技术参数，根本顾不上别的。”小蒋呵呵一笑。

2009年年底，时年30岁的蒋清富被破格提拔为该型号的主任设计师，这离他被评为副主任设计师仅1年的时间。他自己的解读是，当时的任务需要有年轻人“往前冲”。2011年年底，产品顺利交付，在所有用于交会对接的测量敏感器中，该产品成为最晚参与、最早交付的产品。

蒋清富所在的一室，平均年龄不到31岁，硕士比例占72%，34岁的张晓峰是这个高学历青年群体的佼佼者。26岁获博士学位的他，两年升副主任设计师，4年升主任设计师，5年升室副主任。“我这不算什么，咱所还有34岁的总师助理呢。”这个高大的湖北小伙儿扶扶眼镜，谦虚地说。

目前，25所已具备“探索一代、预研一代、研制一代、批产一代”能力，航天事业的大发展给年轻人提供了更广阔的舞台。

25所党委书记说：“对于刚进所的年轻人，25所在感情上把他们当新同志，悉心关怀；但在工作上把他们当老同志，适当压担

子、不断架梯子、主动搭台子，这样他们才能更好更快地成长。”

敢为人先的破局者

30 岁出头的汤斌是个敢说敢想的人，他经常蹦出很多大胆的想法，甚至是“异想天开”。有时为了技术问题，他也会和 46 岁的副总师贺志毅争得面红耳赤。25 所努力为年轻人营造不断进取的科研环境和氛围，离不开老一辈人的共识——科研民主，这是尊重年轻人才的重要体现。

四室副主任徐国兵说，虽然自己比年轻人工作年限长，但是对创新来说，经验往往会束缚技术思路。有一回，某项实验数据出来了，和徐国兵的经验有冲突，团队里也有疑问，该如何取舍？徐国兵并不仗着自己资历老，就以经验平息团队的疑问，而是往前走一步——“疑问只是第一步，好比是一点火花，得把火花放大了，才能看清这条路是不是足够光明。”他努力做个“不吹灭创新火花”的领导，因为创新颠覆经验。

科研民主为年轻人创造了开放的“软环境”，可更长久支撑年轻人创新动力的，还得靠制度的“硬平台”。

27 岁即已获聘副主任设计师的唐晔，曾有着不为人知的困扰。按规定，像他这样的专业室设计师，干到这一级就到头了。在我国的科研院所，设计师的发展渠道主要依赖于型号任务。这意味着，专业室的设计师干到顶，也只能到副主任设计师。

为打破人才成长的“天花板”，在整个航天科工集团，25 所率先挥出了破除旧体制的一刀。2010 年年底，所里出台了《专业首席设计师和主任设计师选拔管理办法》，疏通了职业瓶颈，目前已有 4 名首席设计师和 9 名主任设计师获聘。地位和收入的倍增，让这 13 名设计师的腰杆儿挺得更直了。被公认为七室“技术大牛”的唐晔，是首批被聘的专业主任设计师。这个新尝试，更加促进了 25 所创新型人才的培养，推动了研究所专业化发展。

“幸福文化”在每个人的笑脸上

有着一张娃娃脸的易翀，总是满脸笑容。现在他认为，自己当初选择来25所没有错。“我一个同学在外企工作两年下来，心里很恐慌，觉得自己快废了。”相比自身发展与工作“错位”的同学，易翀觉得自己在25所的发展空间很广阔。

刚进所一年多的易翀已参与了某型天线课题的申报，还当上了课题组副组长。“科研上想做什么就跟领导提，自主性很大”，易翀说，“25所有一种吸引人、感召人、凝聚人的幸福文化，让年轻人选择这里并且留得下来。”

“生活本不是没有幸福，而是缺乏发现幸福的眼睛。这需要幸福文化来支撑，让幸福看得见、摸得着、感受得到。”自诩为25所“一号服务员”的党委书记说。

2008年，蒋清富小两口悄悄把结婚证领了，“怕媳妇跑了。”他腼腆地说。因为工作忙，小两口没办婚礼，没请客吃饭。为了不让“蒋清富们”留下遗憾，面对无暇筹备婚礼的准新人，25所想年轻人之所想，举行集体婚礼。在鲜花、烛光中，举办了一场浪漫、感恩的婚礼，惹得没成家的年轻人相约着参加下一次集体婚礼。

2012年，25所人均职工福利待遇又有所改善，实现外聘职工同工同酬，人均体检费用较2011年提高了34%，并根据工作特点量身定做体检套餐……25所“快乐工作，幸福生活”的幸福指数节节攀升。

在这一项项让员工感到“很熨帖”的事情背后，都站着一个个一心做事的“服务员”。“我是你的服务员”是25所每个月召开的新员工座谈会的主旨，所机关各职能部门负责人现场解决新员工提出的各种问题。行政扁平化打通了所领导和基层员工的“最后一米”，所领导配到每一个党支部，让员工的反映都能得到面对面的回应。

“想啥有啥，要啥给啥，咱还能说啥，好好干呗！”这句质朴的话道出了很多年轻人的心声。共同的精神家园、同一个航天梦，让25所年轻人凝聚在一起。蒋清富发现，这几年身边辞职跳槽的人特别少，“外面工资再高，也只是高级蓝领，不像在所里，每个年轻人都是主人。”

易翀笑着说：“有同学一直向我打听，能不能也到25所工作呢。”

发表媒体：《中国青年报》

发表时间：2013年5月21日

退休三次的安全专家

郝振山　武　铠

今年 4 月，中国航天科工七院安全环保所举行了一场特殊的欢送会，欢送 70 多岁的老专家胡锡山第三次退休。

会上，有祝福、掌声、鲜花，更涌动着来自航天人的真情和感动——胡老寒暄几句又不禁讲起老本行，叮嘱说："现在的一些设备，在不同单位评价标准还是不统一，以后你们要仔细调查，努力消除隐患。"

台下，几位刚刚进入航天系统工作的 90 后女孩，传看着胡老 5 年来用业余时间写成的工作手记，眼眶湿润了。老人的执着打动了她们的心灵。

“从胡老身上，我们读懂了航天。”一位年轻人感慨道。

两次退休“没成功”

提起胡锡山，他在航天科工甚至整个航天系统的安全生产工作战线上，都有着很高的知名度。

他本不干这个行当。1959 年到沈阳 111 厂工作，1977 年来到北京，一直在航天领域搞设备管理。1999 年到了退休的年龄，胡老做好了回家享受天伦之乐的准备，但清福刚享了 4 年，航天科工的安全评价工作从 2003 年开始全面向新的台阶迈进，由于特别缺少航天设备专家，于是胡老被请出山，到集团公司总部返聘工作。

从儿孙绕膝到工作成堆，胡锡山适应得很快，而且从搞设备到搞安全，他迅速进入角色，从 ABC 开始，担起了诸多安全生产的重要工作。

2008 年 3 月，返聘了 5 年的胡老第二次退休，回到了家中。

“胡老在家里只待了一周，就被我们拽到了七院。”七院安全环保所所长王志忆起当年，笑容中略带歉意。

2008 年，航天科工启动安全标准化达标复评验收工作，七院安

全环保研究所作为集团公司安全评价中心的主体，要在 3 年内对遍布全国各地的 142 家单位进行全面的安全标准化评价。“虽然有技术基础，但是无论是集团公司还是我们所都十分需要胡老为我们提供指导。”王志说。

没想到，一顾茅庐，“诸葛亮”就出山了。其实，胡老一直牵挂着这桩事，心里涌着热乎气儿，年轻人一来“吹风”，立马带着热情来到七院，跟一帮“80 后”为主的年轻人搭成队伍，干起了安全生产标准化达标复评验收工作。

不管在哪儿，都是航天人

“为人处世平平淡淡，但内心世界却相当丰富。”年轻人提到胡老时，带着崇敬，带着对人生的一种思考。

陈霰是 2011 年来到安全评价中心的博士，也是跟随胡老一起搞标准化的弟子，“我觉得比起工作上的教诲，他人格的魅力更让我们受益匪浅。”

“他为人幽默，爱开玩笑，还经常和我们聊生活上的事甚至家事、私事，沟通起来没有任何代沟。他是东北人，听说所里小老乡爱吃酱菜，就自己做好专门带来。他第一次教我写报告，从语言、段落、文章结构讲起，不厌其烦，极富耐心。他打字速度不快，却坚持自己操作，遇到电脑上的问题，就像小学生那么谦虚地请教我们。”

其实，胡老的乐趣就在于他享受学习沟通进步的过程。

他说，老了，为了防止记性不好，需要时时记下平日的所想所学，才能更好地运用到工作中去。就是这么一个简单的记录习惯，经过 5 年的积累，便汇集成了一本厚厚的手册。

其实，胡老喜欢和年轻人在一起，是因为自己深受感染变得年轻，更是希望年轻人学到好方法、养成好习惯，把这项事业好好传承下去。

“胡老第三次退休了，最近你和他还有联系吗?”笔者问陈霞。

“有。胡老一直想把安全领域的标准、法律、法规做个总结整理。听说现在他一直在弄，搜集了很多资料，时常跟我打电话问些情况。”

不管在哪儿，都牵挂着事业。这就是航天人。

发表媒体：《中国航天报》
发表时间：2013 年 6 月 6 日

小舞台演绎大精彩

——记“全国技术能手”陈小华

李庆华

不到2平方米的钳工台，是他心爱的小舞台。在这个小舞台上，他攻克了一个个难关；在这个小舞台上，他完成了一项项任务；在这个小舞台上，他从一名普通工人成长为“全国技术能手”；在这个小舞台上，他摘取了多项荣誉桂冠；在这个小舞台上，他用执着坚守、不断创新、奋力拼搏和超越自我，演绎着人生的大精彩。他，就是“全国技术能手”、贵州航天十院风华公司首席技师陈小华。

成功秘诀：执着坚守

“执着！”当问起陈小华从一名普通工人成长为生产一线骨干人才的成功秘诀时，他给出了这两个字的答案。

“纯手工活”的钳工，是有名的“苦、脏、累”工种。与陈小华当年一起进公司从事钳工生产的多名同事，因忍受不了工作的枯燥和辛苦，纷纷转行到了其他工种或二线岗位。但陈小华却执着地站在这个小小的舞台上，舞动着自己的精彩。正是源于这份执着坚守，通过

15 年的历练，他由一名普通钳工成为了公司当时最年轻的技师，并先后获得科工集团“航天技术能手”、贵州省“青年岗位技术能手”、贵州省“突出贡献人才”“全国技术能手”“全国青年岗位技术能手”等荣誉。

“即然选择了一个行当，就应执着地干下去，所谓行行出状元，只要努力付出，就一定会有回报。”在小小的钳工台前，陈小华一边干着活一边说。

前进动力：不断创新

“这小子，肯钻研、爱创新。每接到活，他从不急着下手，而是将图纸技术要求吃透，想出办法后才上手。”在谈到自己的“爱将”陈小华时，车间主任肖国舟带着微笑说。“遇到新活，他从不按常规出牌!”工位在陈小华旁边、同为技师的邓波这样形容他。在新型号产品研制阶段，陈小华接到了某两种舱体内部打孔的任务。该两种舱体内部结构复杂、加工孔数多，孔距误差要求在 10 丝以内，并具有互换性，加之舱体空间小，给加工、测量带来较大难度。如按传统划线、定位、测量、打孔的生产方式，不但时间不允许，而且孔距精度难以达到技术要求。陈小华根据产品技术要求，结合舱体内部结构和形状特点，创新思路，采用自制组合工装对各孔定位、调整钻头装夹角度等方式进行打孔生产。通过实践证明，该方法在保证产品合格率达到 100%的同时，效率比传统生产方式提高了 8 倍以上。

在工作中，陈小华从没有停下创新的脚步。近两年来，他通过制作简易工装、改变丝锥角度等方法，解决了某外协批次产品攻丝生产中丝锥易断、螺纹烂牙等问题；通过改变装配顺序，完成了公司重点民品餐厨环保设备关键部件装配任务；通过调整钻床转数、改变钻头角度等方式，将某外协高温合金零件的生产合格率从 60%提高到了 95%以上。

男儿本色：奋力拼搏

“干起活来，家都不回!”这是爱人对陈小华的评价。在某外协发动机装配任务中，原本按合同要求生产时间就非常紧迫，因客户方研制进度提前，该发动机要提前三天进行交付。已加班加点近2个月抢制该产品的陈小华，接到“加急”任务后，立刻和另一名同事全力投入到紧张的收尾生产工作中。10小时过去了，15小时过去了，25小时过去了……饿了，啃方便面；累了，抽支烟休息一下；困了，在工作台上趴着睡一会。跟在现场、等着提货的客户代表不忍心地说：“回家休息一会吧!”陈小华却说：“再拼一拼、抢一抢，肯定能完成。”

通过近50个小时的抢制，该发动机终于在客户需要的时间内完成。在对产品进行严格验收后，客户代表紧紧握住陈小华的手说：“好样的，谢谢！谢谢！下次还要和你们公司合作。”

靠着这种拼劲，陈小华先后完成了多种军、民、外协产品的急难加工生产任务，受到了车间、公司领导的表扬，并多次得到了客户代表给予的好评。

心中愿望：超越自我

“在批次产品的加工生产中，师傅当天生产的产品数总会高于前一天，如果没有超过前一天的产品数量，他就选择加班来完成。他每天都在努力超越着自己。”陈小华的一名刚进公司工作不久的徒弟如此评价他。

“现在想考高级技师！”这是陈小华的近期愿望。

“我也许无法超越别人，但我要努力超越自己。”当问及他已站在了一般人难以达到的高度，为什么还要选择不断前进时，陈小华认真地说。

其实，作为组长的陈小华，心中还有一个最大的愿望，就是带领小组全体成员一起完成自我超越。“如果每一名职工都超越自己一小步，那么车间，甚至公司就会前进一大步。”按照他的打算，将通过五年多的时间，努力把小组建设成为公司、甚至十院的学习氛围浓、攻关能力强、创新项目多、生产质量好、工作效率高，并且技师人数比例最高的班组之一。

现在，他正为这一愿望努力着，在他所带的5名徒弟中，有1名进入公司不到两年的徒弟已成为了公司的“青年岗位技术能手”，其他4名进入公司工作不到一年的徒弟现已能够独立操作。在他的带领下，成立不到三年的小组先后荣获了公司“青年文明号”、十院“创新型学习班组”荣誉称号。

“舞台不在大小，关键看怎么演出自己的精彩。”陈小华是这样说的，也正这样做着。他在自己的小舞台上，演绎着人生的大精彩。

发表媒体：《中国航天报》
发表时间：2013年6月20日

认真的心

——记“全国技术能手”李威威

王若影

人物名片

李威威，中国航天科工三院35所装调部职工，2000年参加工作，2010年通过自己的努力完成了大专学业。曾获得该所“质量信得过职工”称号，并在职工劳动竞赛中获得二等奖。2012年，获得国家人力资源和社会保障部授予的“全国技术能手”称号。

“四季度活儿很重，又有紧急的返修任务。加班干，倒班干，卖力地干！大伙儿非常辛苦！”在三院35所装调部，刚刚获得“全国技术能手”称号的李威威放下手中的活儿说道：“最后20天了！所里研究室、机关的同事们也都在加班加点奋斗，关键时期，我们

一线职工顶得住！一定完成任务！”

“细致认真，质量第一”，这是李威威的同事对他的一致评价，“别看是个大小伙子，可他有颗认真的心！”

用勤奋努力，叩开机会之门

参加工作以后，李威威努力学习技术，很快就成为班组的生产骨干。其间参与过多种重大型号的产品生产任务，工作业绩历年在班组中名列前茅。同时，他也不忘自我提高，用工作之余的时间，完成了大专学业。多年来，李威威一直以踏实肯干、任劳任怨、爱岗敬业的精神默默奉献着。由于军品生产任务的特殊性，在生产紧急的时候，工作至深夜、随叫随到、随时待命成了家常便饭，高度的责任心使他无论何时都能及时出现在生产现场，保证了生产任务的顺利进行。

在神舟飞船的 γ 高度表生产专职人员的选拔中，凭借踏实的工作作风、严谨的工作态度、优异的职业技能，李威威获得部门领导和同志们的认可，选拔参加了神舟飞船的生产任务，他以出色的表现，赢得了大家的一致好评和信赖，先后参加了“神五”到“神

十”的任务。目前还从事为“嫦娥”配套产品的生产工作。

在小件上创新，推动技术大进步

认真的李威威，不满足一时的成绩，他不断充实提高自己，利用业余时间积极参加技术交流活动和高新技术的学习，还自己学习设计图纸、查看工艺文件，并与工艺技术人员针对问题进行详细讨论，不放过任何一个疑问。他利用自己学到的知识，解决了一些生产中的难题，完成了多项技术攻关，提高了自身的技术水平。

在铆接高度表印制板的接线柱时，直接铆接容易造成质量问题，李威威对此问题经过深入思考，自行设计了该工装，既提高了铆接质量和可靠性，也同时达到了一次铆接的成功，提高了工作的效率。此项工装的设计得到质量部门、设计人员、工艺人员的认可，并推广到各型号的接线柱的铆接工作中。

三院35所是首家承担神舟飞船回收系统γ高度表生产的研究所，高度表产品内部结构比较复杂，螺钉紧固件的种类比较多，又是多组合印制板连接。李威威发现在装配过程中如果强行用力装配，可能会造成印制板受力过大造成伤害，由于产品在实际应用中经历的环境比较恶劣，不可以有丝毫的隐患，建议改用力矩改锥拧紧螺母。经过对各个规格螺钉力矩的测算，并和工艺人员进行多次试验、论证，该方案被应用到产品的装配生产过程中，确保了产品在神舟八号任务中的万无一失。该方案现已完善到工艺内，有效保证了产品质量。

作为一名装配工人，李威威时刻铭记“产品在我手中，质量在我心中”，以一颗认真的心，严格执行安全操作规程和产品质量保证制度，保证了产品质量，为科研生产作出了突出的贡献。

发表媒体：《企业党建参考报》
发表时间：2013年7月1日

东方红一号从天安门上空划过

曲　阳

他，曾经六次亲自向周恩来总理汇报东方红一号卫星第三级固体发动机的研制工作；曾经于1970年五一国际劳动节在天安门城楼上受到中央领导的亲切接见，他是退休不退岗、一辈子心系航天事业发展的共产党员陈克明。

在建党92周年之际，随着神舟十号飞船发射，陈克明老人再次回忆起敬爱的周总理指导航天事业和东方红一号发射的点点滴滴，心情久久不能平静。

六次向周总理汇报工作

当年，陈克明是七机部四院41所（今中国航天科工集团公司六院41所）负责卫星第三级固体发动机设计组的组长。在发射东方红

一号卫星之前，他与负责星、箭、控制、地面系统研制工作的各方专家，先后六次到中南海向周恩来总理汇报研制工作进展及遇到的问题。

通过六次面对面的接触，周总理对科研工作严慎细实、精益求精的工作作风，对卫星发射星、箭、控制系统等各研制环节的掌握之细，以及一代伟人和蔼可亲、平易近人的人格魅力，都让陈克明深深折服。

回想起那年五一国际劳动节在天安门城楼上受到中央领导接见的情景，陈老很是动情。他回忆说："我们 17 人是晚上 7 点登上天安门城楼的，其中包括钱学森、任新民、戚发轫、孙家栋，还有车间的药浆灌注女工李德春等。"

一行人被请到城楼西侧，工作人员给每个人都安排了座椅，但大家没有一个落座的，都站在护栏后观看广场上热闹红火的文艺活动。那天的天安门广场，灯火璀璨，人山人海，喜庆的锣鼓声和嘹亮的歌声此起彼伏，响彻云霄。

19 点 30 分，有人悄悄地说："周总理来了。"大家一听，马上转过身子。周总理已经径直来到大家面前，他与 17 人一一握手问候，还说道："你们都是有功之臣，为国家、民族争了光。新中国在成立这么短的时间内，就成功发射了卫星，很了不起。"

交谈了一会儿后，周总理微笑着提议大家一起来唱歌，说着，他领头唱了一句，双手打着节拍，指挥大家唱起了《没有共产党就没有新中国》，然后又唱了《大海航行靠舵手》。

20 点整，毛泽东、朱德、叶剑英、聂荣臻等中央领导登上城楼。"周总理把刚从卫星发射基地回来的我们介绍给中央领导，我们与毛泽东等领袖亲切握手和交谈。"陈老激动地说。

20 点 40 分左右，广播传来播报："再过几分钟，东方红一号卫星就要飞过我们的头顶。"霎时，原本欢腾的天安门广场上一片寂静，大家都抬起头仰望星空。

那天距离我国第一颗人造地球卫星东方红一号发射成功刚刚过去七天。那天晚上，月亮还没升起来，天色很黑。突然，一颗像星星似的闪着光的小亮点划破漆黑的夜空，从天安门上空划过，广播中传来悦耳的《东方红》乐曲声，天安门城楼上和广场上顿时爆发出一阵阵欢呼声。

心系航天的退休老党员

在天安门城楼亲耳聆听过中央领导殷切嘱托的陈老，在从事航天事业的一生中，一直牢记着这些殷殷期望，一直默默地为航天事业奉献着自己的智慧和才干。

陈老在直接从事固体发动机设计研制的 17 年中，共设计研制出七个型号、十多种发动机，培养出了许许多多知名的发动机设计研制专家和骨干，为日后发动机设计研制工作打下了坚实的基础。

在他担任领导干部的 16 年间，始终以科学的态度、实事求是的精神，处理、协调、指挥、谋划科研生产工作，为我国第一个固体火箭发动机研制、生产和试验基地的建设，作出了不可磨灭的贡献。

时光如水。转眼间，陈老从领导岗位上退休已经18年了。但他还经常提到，当年周恩来总理对航天事业和航天工作者的殷切希望，并一直用这些标准要求自己。

退休后，陈老仍关心着固体事业的发展，关心着老单位六院的发展。

谈起曾经工作的老单位，陈老充满感情而且很是欣慰，这个中国固体动力发动机的发祥地，在党和国家的大力支持下，在内蒙古这片塞外沃土上，取得了令人瞩目的成就。

将时间拉到当下。近日，我国神舟十号载人飞船发射成功并顺利返回的消息一直牵动着陈老的心。

这位已经有53年党龄的老党员心情异常激动。从他的话中能深刻感受到对党和国家的热爱，他说，没有中国共产党就没有中国航天事业；没有周恩来总理等老一辈革命家和中央领导人的决策与支持，就没有如今中国航天事业的辉煌成就。

谈起自己，陈老如是说："我虽然已经退休在家，但我还是一名共产党员，还是一名老航天人，只要党需要我、航天事业需要我，我会第一时间挺身而出。"

发表媒体：《中国航天报》

发表时间：2009年7月2日

基层生产线上的“曹妈妈”

孙 飞

她，还是像往常一样地忙碌，提前45分钟到单位，重复着一套十几年养成的单调动作：先将大理石的工作间地面擦成明镜，再将几个公共暖壶打满开水。一切都是那么自然，好像自己永远也不会离开这里。

她，还是喜欢微笑着和身边的同事攀谈，大家也还是愿意向她说说自己的心里话。毛躁的年轻人在她眼里，永远都是这个大家庭里任性的孩子，在她的“唠叨”与宽容中，慢慢变得成熟老练。

她，就是中国航天科工三院33所捷联一部党支部书记曹杰，一位被同事称作基层生产线上“老妈妈”的人。在她36年的工作中，历经过四个不同的工作岗位，但没有一天离开过航天基层，直到今年8月份退休时刻的到来。

“多交流，少矛盾”

“多交流，少矛盾。”这是曹书记常说的一句话。

曹书记个子不高，外表朴实无华，平时也不讲什么深刻的大道理，但有着一个身边同事都知道的爱好——钟爱与人聊天。工作间隙、下班路上或是生活中偶遇，她似乎总是乐于利用这些琐碎的时间与员工们聊天，而话题内容也是无所不包。

对于曹书记这个爱闲聊的习惯，有人说这是平易近人，也有不明其中奥秘的人说这是“婆婆妈妈”。而在一次与他人聊天中，曹书记终于揭开了其中缘由：“没有比聊天更能打破身份隔膜，从而彼此获得对方真实想法的手段了。如果我不知道每一个员工的真实思想，我就等于没有真正认识他们。”

某一年，由于生产上游环节的问题，部门大量的工作积压到下半年，而为了生产任务的完成，员工们不得不进行频繁的通宵夜班工作，随之而来的一些不满情绪，也自然而然产生出来。

曹书记了解到情况后，利用工作间隙召开了一次基层员工的座谈会，甚至直呼其为“牢骚大会”，当有人质疑这种会议的负面效果时，曹书记只是笑笑说：“最近大家累坏了，让人家发发牢骚，甚至骂骂娘，天也塌不下来，矛盾越积压才越危险！”“牢骚大会”顺利召开，而随后部门也相应对生产计划进行了调整，管理制度上也作出了多项改进，确保部门平安地度过了那段非常时期。

“进了航天门，就是一家人”

邓宁和赵一霖，是部门的两位青年员工，老家都在遥远的四川，刚入职时住在租来的平房中，真可谓家徒四壁，一穷二白。两人除了睡觉、吃饭之外，几乎就没有什么业余休闲活动，并且由于理想和现实的落差，两个人情绪也不十分稳定。

而曹书记除了平时多与他们聊天拉家常外，还打车把自家的电视机送到他们的宿舍，并鼓励他们说："我家有两台彩电，这台老式的基本用不上，你们就拿去看吧。以后好好干，等干出成绩、有了经济基础再换更好更大的！还有什么困难就直说，进了航天的门，咱们就是一家人！"而这两个不善言辞的新同事，私下对别人说："书记对咱们就像自家人一样好，咱们还有什么好说的！"

在随后的部门全体党员会议上，曹书记更是号召所有党员为新来的同事提供力所能及的帮助，要真正把新同事当作自家人。在这之后，价格实惠的房源、二手的自行车、半新的厨具、各种桌椅……都送到了新员工们的手中。直到今天，在生活上帮助新同事的这些做法，已经成为部门的一条不成文的规定和习惯，甚至很多生活耐用品，已经在一波波新来青年同事的手中传递了好几回。

"你就大胆地干吧"

每一个人都有着自己的个性和才华，但并不是所有人都能得到展现的机会，曹书记耐心地发掘锻造部门每一块看似普通的"石头"，并引导帮助他们实现自己的价值。而在今天的捷联一部中，

颇有些知名度的宣传骨干、话剧演员、软件高手，都离不开曹书记的循循善诱。

王铮是个不喜欢集体活动的腼腆小伙子，业余时间总是泡在电脑前玩游戏，但电脑的各种软件却运用娴熟，由于不善交际，同事们都觉得他是个怪人。而曹书记却主动找到他，鼓励他参加各种电脑软件作品大赛，把自己的爱好和特长发挥出来。

“没兴趣！不喜欢参加比赛。”王铮一开始就硬邦邦地顶了回去。可曹书记却笑着说：“这不是什么比赛，而是创意的展现，你这个‘闷葫芦’就用电脑语言说说自己的话吧。”但王铮还是犹犹豫豫地问：“什么表现形式都成吗？幽默搞笑的也可以？”“只要突出主题，越喜闻乐见越好！枯燥无味的东西，谁也不喜欢，你就大胆地干吧！”

而随后的王铮也是一鸣惊人，在集团公司组织以保密为主题的FLASH制作大赛中，以自己别具一格的独到创意和幽默风趣的作品风格，获得集团公司特等奖。知道喜讯后，最高兴的还是曹书记，“咱们部门里，真是藏龙卧虎，出人才啊！”笑不拢嘴的她也总是把这句话当作口头禅。而王铮就此开始，更加着迷于电脑软件的应用，曾被同事奚落的“游戏大王”，也彻底变成了人人尊敬的“电脑大王”。

“退休后，您有什么打算？”曾有人这么问过曹书记。

她说：“8月就要退了，算一算，干支部工作也有13年了，说句心里话，确实舍不得大家。孩子不在身边，其实和你们相处的时间比和孩子还要长，我肯定会想这里，会想你们，也还会时常回来看看你们的。”

发表媒体：《中国航天报》
发表时间：2013年8月8日

献身航天建新功

——记航天科工四院南京晨光集团公司研发中心主管工艺师袁蓬

彭竞竞

年仅28岁的航天女工袁蓬，是公司研发中心主管工艺师。前不久，她获得了载人航天首次载人交会对接任务专项奖励，此前还被授予航天科工集团天宫一号与神舟九号载人交会对接任务“突出贡献者”称号等荣誉，近日又被评为“全国巾帼建功标兵”。年轻的袁蓬在工作短短8年的时间里，怀着奉献航天的梦想，用辛勤的汗水为航天事业立下了多项战功。

勇挑重担　创新克难

袁蓬于2005年从南京理工大学材料成型及控制工程专业毕业，随后来到南京晨光集团公司工作，加入到研发中心膜盒项目组，这个组承担着国家重点载人航天工程贮箱膜盒的制造任务。当时，正是膜盒制造初期最艰难、最关键的阶段，膜盒工作面临着许多困难。袁蓬很快融入到工作中，她加班加点，刻苦学习钻研，不断熟悉和提升技术水平，不久就成长为技术骨干。在膜盒制造工作中，她与项目组成员一起，全力投入，勇挑重担，携手创新，不断攻克难关。

制造初期，膜片焊缝质量不稳定、容易开裂，袁蓬作为主管工艺师，积极投入到焊接工艺试验和焊接工装的改进中。由于膜盒制造没有先例可循，其适用的焊接规范都需经过试验摸索。袁蓬与项目组成员一起进行仔细的研究分析后，开展了一系列的焊接工艺试验，记录整理了大量的试验数据，通过正交法，确定出一组适用膜盒焊接的优选参数，最终获得了成形均匀一致、可满足试验要求的膜盒焊缝。为了保证焊接精度，袁蓬又优化设计了高精度的焊接工装，形成了可进行精调、可控制装配定位的组合焊接工装夹具，保证了焊接的顺利进行。

2007年开始，为了提升膜盒的制造能力，膜盒项目组进行了膜盒生产线技术改造。袁蓬与项目组一起，用了近两年的时间，完成了该项目13个子项的调研、论证、实施工作，并实现了大型膜片整体环切、在线光电成像检测等几大技术突破。

袁蓬深入了解裁切工艺，对大型膜片裁切方法进行调研，研究出了通过膜片型面定位、整体圆环裁切的成型技术，并研制出高精度的整体裁切装置，解决了分段裁切中出现的一系列问题，提高了膜片生产合格率。

严谨细致　忘我奉献

为了进一步给膜盒质量保驾护航，膜盒在进行有关检测后，增加了膜盒全焊缝的氦质谱检漏工作。袁蓬积极学习检漏知识，通过了国防科技工业无损检测认证，主动担负起此项检漏工作。这项工作冗长单调又责任重大，袁蓬在检测期间全神贯注，以坚定的耐心、无比的细心，时刻注意漏率变化情况，圆满完成了膜盒产品研制的最后一道安全保障环节。

袁蓬作为膜盒研制项目组主管工艺师，在工作中完成了膜盒制造工艺总方案、工艺规程的制定，编制了膜盒产品机加、冲压、焊接、试验、泄漏检测等工艺卡片，这些文件对膜盒制造生产起到了重要指导作用。为了验证膜盒长期工作的安全性和稳定性，还需要进行长期拉伸气密试验。袁蓬主动承担了试验过程中的泄漏检测、数据记录分析等工作。由于试验周期长，数据记录及检测都需定时进行，袁蓬连续几个月加班加点，放弃休息，坚守在工作岗位上，对大量的试验数据进行分析整理，确认膜盒在长期拉伸、压缩、贮存状态下满足总体设计性能要求，进一步确保了膜盒质量的可靠性。

一份耕耘一份收获，一项项任务的顺利完成，也使付出得到了回报。由袁蓬主要参与的有关技术成果，先后获得了航天科工集团工艺创新奖一、二等奖；其参与提出的某焊接装置及方法已申报国防专利；其编写的有关文章，被录入《中国载人航天工程二十周年纪念文集》。

正是袁蓬这种勇于创新、忘我奉献的工作作风，影响和带动着项目组成员团结一心、凝聚智慧、共同努力，使膜盒制造的难关顺利攻克，为航天事业作出了贡献。

发表媒体：《中国航天报》

发表时间：2013 年 10 月 29 日